"铭心妙相:龙门石窟艺术对话"特展 **优胜奖**
荣获第十九届(2021年度)全国博物馆十大陈列展览精品推介

铭心妙相

龙门石窟艺术对话

Special Exhibition of Art Dialogue with Longmen Grottoes

李明斌　马琳　主编

上海大学出版社

目录

1	序一	126	当代艺术作品
3	序二	128	尹朝阳
5	序三	129	·伊阙
		130	·龙门气象
2	清秀奇逸——北魏造像与书法	132	黄渊青
4	秀骨清像	133	·无题
6	·菩萨头像	134	·无题
8	星龛奕奕	136	任天进
10	·杨大眼造像龛	137	·太湖石·东风
12	·魏灵藏造像龛	140	罗小戍
14	·始平公造像龛	141	·佛教造像空间研究Ⅲ
18	隶之极盛	142	·丝路浮想
22	·《孙秋生造像题记》拓片	144	张健君
24	·《始平公造像题记》拓片	145	·龙门菩萨
26	·《杨大眼造像题记》拓片	146	·龙门罗汉
28	·《魏灵藏造像题记》拓片	148	翁纪军
32	·奉先寺卖地券	149	·记忆
34	·文彦博《题龙门奉先寺》碑	150	·蠢
		152	何成瑶
		153	·185221 秒
38	大唐风范——唐代龙门造像与佛教	154	·201103 秒
44	卢舍那大佛	156	宋钢
50	宝相庄严	158	·数字之维
52	·佛坐像	160	韩子健
54	·佛坐像	160	·指月
58	·优填王造像		
60	菩萨		
62	·舒相座菩萨像	168	文论
66	·菩萨头像	170	宋玉形容巧 吴毫肖貌良——精妙辉煌的龙门石窟艺术
70	护法		·杨超杰 朱佩
72	·力士像	182	龙门石窟佛衣样式研究
76	·飞天		·陈悦新
78	窟龛	194	上海博物馆藏龙门石窟流散雕刻的复位研究
80	·范家婆造像龛		·焦建辉 李柏华 杨超杰
82	唐代经幢信仰及其艺术	204	四川广元千佛莲花洞考古新发现
84	·唐大中四年造像塔		·雷玉华 王婷 李凯 王剑平
90	·珪和尚功德幢	214	论传统与当代对话的策展理念在博物馆展览中的实践——以"铭心妙相：龙门石窟艺术对话特展"为例
			·马琳
94	盛世重归——龙门流失文物的追索与保护		
102	流失与追索		
104	·佛头像	220	社区展
106	·高树等造像龛		
108	·佛头像		
112	·观音菩萨头像	228	后记
116	复原与保护		
118	·观世音像龛 3D 打印		
119	·观世音像龛虚拟修复		
122	·佛立像		

Contents

1	Preface I	126	Modern Contemporary Art Works
3	Preface II	128	Yin Chaoyang
5	Preface III	129	· Longmen
		130	· Lanscape of Longmen
2	The Statues and Calligraphy of the Northern Wei Dynasty	132	Huang Yuanqing
4	Elegant Skeleton and Delicate Features	133	· No Title
6	· A Bodhisattva's Head	134	· No Title
8	Scattering Shrines	136	Ren Tianjin
10	· A Niche Built by Yang Dayan	137	· Taihu Rock - East Wind
12	· A Niche Built by Wei Lingzang	140	Luo Xiaoshu
14	· A Niche Built by Shi Pinggong	141	· Research on Space of Buddhist Statues III
18	Golden Age of Clerical Script	142	· Imagination about Silk Road
22	· Rubbing of the Statue Inscription of Sun Qiusheng	144	Zhang Jianjun
24	· Rubbing of the Statue Inscription of Shi Pinggong	145	· Longmen Buddha
26	· Rubbing of the Statue Inscription of Yang Dayan	146	· Longmen Arhat
28	· Rubbing of the Statue Inscription of Wei Lingzang	148	Weng Jijun
32	· Land Sale Contract of Fengxian Temple of Longmen	149	· Memory
34	· A Stele on Fengxian Temple of Longmen by Wen Yanbo	150	· Standing
		152	He Chengyao
38	Longmen Statues and Buddhism in the Tang Dynasty	153	· 185221 Seconds
44	Losana Buddha	154	· 201103 Seconds
50	Dignified Buddha Statues	156	Song Gang
52	· A Seated Buddha	158	· Digital Dimension
54	· A Seated Buddha	160	Han Zijian
58	· A Udayana	160	· Finger Pointing at the Moon
60	Bodhisattva		
62	· A Seated Bodhisattva	168	Essays
66	· A Bodhisattva's Head	170	Lifelike Sculptures of Song Yu and Wu Hao—The Exquisite and Brilliant Art of Longmen Grottoes
70	Patronus		· Yang Chaojie, Zhu Pei
72	· A Warrior	182	Study on the Patterns of Buddhist Robes in Longmen Grottoes
76	· An Apsaras		· Chen Yuexin
78	Cave Shrine	194	Restoration of the Scattered Carvings of Longmen Grottoes in Shanghai Museum
80	· A Niche Built by Fan Jiapo		· Jiao Jianhui, Li Bohua, Yang Chaojie
82	Worship of the Tang People for Buddhist Pillar Column and Its Artistic Characteristics	204	New Archaeological Discoveries of Lotus Cave of Thousand-Buddha Cliff in Guangyuan City, Sichuan Province
84	· A Pagoda with Sutra Column		· Lei Yuhua, Wang Ting, Li Kai, Wang Jianping
90	· The Usnisa Vijaya Dharani Sutra Column for Monk Gui	214	On the Practice of the Curating Philosophy Featuring Dialogue between Traditional and Contemporary Ideas in Museum Exhibitions—A Case Study of the Special Exhibition of Dialogue between Modern People and Longmen Grottoes
94	Search and Protection of the Lost Cultural Relics of Longmen		· Ma Lin
102	Loss and Discovery		
104	· A Buddha's Head		
106	· The Niche by Gao Shu et al.		
108	· A Buddha's Head	220	Exhibition in Community
112	· An Avalokitesvara's Head		
116	Restoration and Protection		
118	· The Niche of an Avalokitesvara (3D printing)	228	Epilogue
119	· The Niche of an Avalokitesvara (Virtual renovation)		
122	· A Standing Buddha		

序一

龙门石窟始凿于北魏孝文帝迁都洛阳之际，以窟龛造像规模宏大、数量众多、雕刻精湛、蕴涵丰厚而蜚声中外，以北魏和唐两代石刻艺术的"中原风格""大唐风范"而铸就中国石刻造型艺术的巅峰，以凝聚着古代中国杰出匠师的奇思巧智而形式多样，以碑刻题记数量众多、信息丰富而享誉中外，以雕刻内容涉及诸多佛教宗派题材而举世罕见。作为中国石窟寺艺术早期后段和中期的典范作品，龙门石窟的历史地位在中国石窟寺雕刻艺术发展历程中无可替代。

河南不仅是中华民族和华夏文明的主要发祥地，同样也是中国近现代考古学的发祥地。华夏先民在河南大地上创造了包括龙门石窟在内的灿烂文化，中国考古学人也在此谱写了不朽的华章。一百年前的1921年，在河南省仰韶村，中国现代考古学迈出了重要的第一步，由此开启了实证中华悠久历史和灿烂文化的百年辉煌历程。

作为中国考古学的继承者和参与者之一，上海大学近年来在考古文博领域取得了长足进展。自2019年起，接连获批设立文物与博物馆学专业硕士学位、考古学本科专业，与北京大学、四川大学等高校共同参与了三星堆新发现祭祀器物坑的考古发掘和文物保护工作。2020年11月，与河南省文物局签署局校合作协议，双方约定充分发挥各自在不同领域的优势资源，在考古发现、文物保护、文博建设、展览交流、人才培养等方面构建更加友好的合作关系，共同开展河南文物进校园活动，展示河南文物风采和华夏文明魅力。

"铭心妙相：龙门石窟艺术对话特展"正是在这样的背景下举办的，这不仅是河南文物首次走进上大校园，更是龙门石窟文物首次"登陆"上海，因而倾注了沪豫两地文博人的诸多心血。龙门石窟研究院、上海大学博物馆的同仁往来不断，就展览布展、讲解、讲座等诸多具体项目深入合作探讨。我亦多次前往河南推动合作协议落实，并专程前往库房挑选展品，龙门宝相之庄严、碑刻之俊秀、窟龛之宏大，无不令人记忆深刻，铭记在心，"铭心妙相"的展览主题也因此而确立，这不仅是我等一众上大文博人内心体验的真实写照，也是对龙门石刻艺术的高度概括，更是对此次展览的美好期盼。展览分为"清秀奇逸——北魏造像与书法""大唐风范——唐代龙门造像与佛教""盛世重归——龙门流失文物的追索与保护"三个单元，介绍了北魏、唐代的造像、碑刻艺术以及今人对龙门石窟的保护与利用。在此基础上，展览延续了往年"古今对话"的策展思路并持续阐发，在当代艺术品选择方面从艺术家、创作主题、风格、材质等多个维度探寻其与龙门石窟之间的联系。整个展览呈现出传统与当代、历史与现在、东方与西方多层次对话的鲜明特点，希望能够借此引导观众穿越时空，理解当代艺术的逻辑并欣赏其形式。

本次展览由上海大学与河南省文物局主办、上海大学博物馆与龙门石窟研究院承办，既是对上海大学与河南省文物局战略合作协议的落实，也是向中国考古百年的献礼和致敬。衷心期盼上海大学与河南省文物局在局校合作协议框架内，在考古发掘、文物保护、文博建设、展览交流、人才培养等方面开展更多更深的合作，也真诚祝愿河南的考古、文物保护、博物馆事业取得更大更好的成绩。

段勇
上海大学党委副书记

序二

龙门石窟位于九朝之都洛阳南郊,现存窟龛2345个,造像近11万尊,碑刻题记2840余品,佛塔80余座,是迄今为止世界上佛教造像最多的石刻艺术宝库之一,也是北魏晚期至唐代(493—907)期间最具规模和最为优秀的佛教造型艺术,代表了中国石刻艺术的最高峰。北魏皇室贵族开凿的古阳洞、宾阳洞彰显了北魏晚期中西交流与民族大融合的成果,以"龙门二十品"为代表的魏碑是中华书法之瑰宝。唐高宗与武则天营造的奉先寺卢舍那大佛则代表了唐代石窟的最高艺术水平。龙门石窟从不同侧面反映了中国古代政治、经济、宗教以及中西交融、艺术变迁等诸多领域的历史。

　　今次特展集有27件龙门石窟研究院特藏和9位艺术家的16件当代艺术作品。其中,龙门特藏包含有清秀奇逸的北魏造像与书法、宝相庄严的唐代造像以及从海外回归的龙门流失文物。9位当代艺术家通过现代书法、绘画、雕塑、漆艺和玻璃艺术等形式,呈现龙门石窟与佛教艺术对他们创作的影响。这些作品既有艺术家20世纪70年代在龙门石窟时的创作,也有与龙门石窟对话最新创作的作品。艺术家们用多样性的艺术语言,来呈现他们对龙门石窟艺术的感悟和体验。

　　由上海大学和河南省文物局主办、上海大学博物馆和龙门石窟研究院承办的"铭心妙相:龙门石窟艺术对话特展"是龙门石窟文物首次在上海展出,展览通过对话的方式架起了传统与当代的桥梁,传统艺术被充满创意的策展理念重新诠释,为观众带来一场别开生面的在传统与当代之间穿行的艺术盛宴。

李明斌

上海大学博物馆馆长

序
三

世界文化遗产龙门石窟位于古都洛阳南郊,现存窟龛 2345 个,造像近 11 万尊,碑刻题记 2840 余品、佛塔 80 余座。作为北魏和唐朝两个朝代为了祈求政治稳定、社会和谐而主导实施的国家政治礼仪性工程,龙门石窟的开凿是当时的"国之大者",其营建集中调动了最优质的物质资源和最优秀的人才团队,代表了当时最高规格、最高水平的艺术成就,塑造了中国佛教石窟艺术的不朽巅峰。作为5—8世纪石窟艺术的典范作品,龙门石窟的历史地位在中国石窟寺雕刻艺术发展历程中无可替代。

国务院办公厅《关于加强石窟寺保护利用工作的指导意见》,习近平关于建设中国特色、中国风格、中国气派的考古学的讲话和指示以及中央全面深化改革委员会审议通过的《关于让文物活起来,扩大中华文化国际影响力的实施意见》等,党和国家的高度重视,彰显了石窟寺保护利用工作事关中华优秀传统文化传承发展,事关社会主义文化强国建设,事关高质量共建"一带一路"和促进文明交流互鉴,具有重大意义。

从千年古都洛阳到国际都会上海,国之瑰宝跨越千里,首次在沪亮相。2021年9月18日,由上海大学和河南省文物局主办、上海大学博物馆和龙门石窟研究院承办的"铭心妙相:龙门石窟艺术对话特展"开幕,展览遴选了龙门石窟研究院特藏的 27 件珍贵文物,这些精美的石刻造像,是历史文明的见证者,是古代美学的珍贵遗存,也是后世艺术创作的灵感之源,形神气韵滋养了大批优秀当代艺术作品。

龙门石窟这一宝贵的文化遗产,生动反映了中华文明"海纳百川、有容乃大"的包容性,精彩讲述了中华文明与世界其他文明交流互鉴、融合发展的漫长历程,而今已经成为感悟中华优秀传统文化的鲜活例证,坚定文化自信的雄浑底气。相信"铭心妙相:龙门石窟艺术对话特展"一定会给观众留下美好的记忆。

图录出版之际,感谢河南省文物局和上海大学的大力支持,感谢上海大学博物馆与龙门石窟研究院相关人员的辛劳付出,确保了展览的顺利进行!

史家珍

龙门石窟研究院院长

龙门，又称伊阙，位于今河南省洛阳市。这里东西两山对峙，伊河从中穿流而过，远望犹如一座天然的门阙，所以古称"伊阙"。相传大禹治水时曾开凿龙门山，《水经注》载："昔大禹疏龙门以通水，两山相对，望之若阙，伊水历其间，故谓之伊阙。"清乾隆《韩城县志》载："两岸皆断山绝壁，相对如门，惟神龙可越，故曰龙门。"

龙门石窟东山（下）、西山（上）全景图

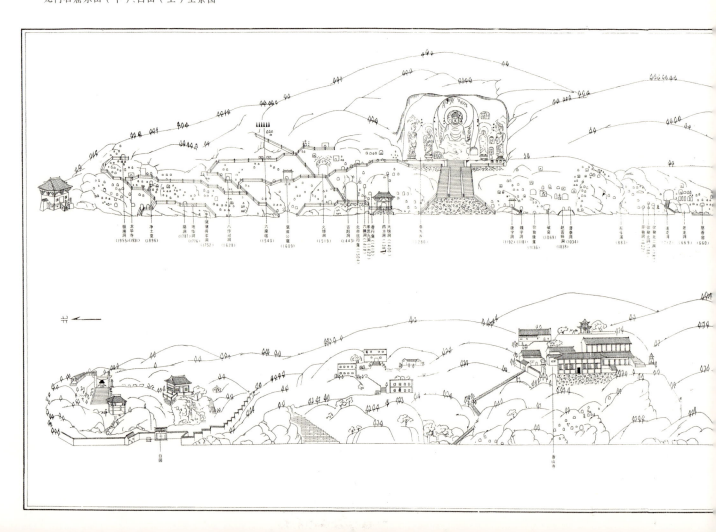

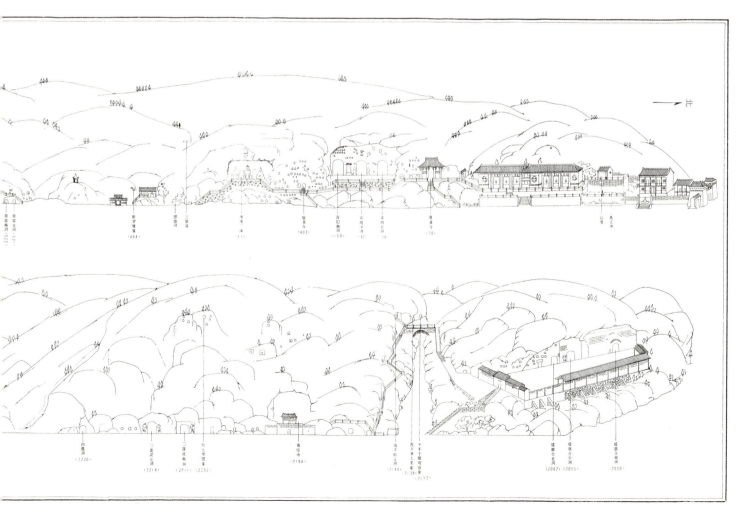

清秀奇逸

——北魏造像与书法

The statues and calligraphy of the Northern Wei Dynasty

　　北魏鲜卑政权统一中原后,定都平城(今山西大同),政治、经济、文化等方面与南朝有了更广更深的往来。经营平城近百年后,北魏太和十七年(493)孝文帝正式迁都洛阳,开启了全面汉化的政治改革。龙门两岸开始了持续400余年之久的大规模窟龛营造,龙门石窟成为皇室贵族彰显国家佛教信仰的圣地,成为中原新的佛教艺术中心。

　　与窟龛造像相得益彰的是龙门石窟中众多的碑刻题记,有2800多品,使这里有"伊阙碑林"之称。"龙门二十品"是从其北魏时期的造像题记中精选出来的二十品造像题记,是魏碑书法的代表。

After the Xianbei regime of the Northern Wei Dynasty unified the Central Plains, Pingcheng (present-day Datong, Shanxi province) was the capital, and there were broader and deeper exchanges in politics, economy and culture with the Southern Dynasty. After operating Pingcheng for nearly a hundred years, Emperor Xiaowen officially moved his capital to Luoyang in the 17th year of Taihe in the Northern Wei Dynasty and launched the Chinesization reform.

Cave temples were carved into the hard rock on both sides of the Yi River at Longmen over a course of 400 years. Consequently, the Longmen Grottoes became a mecca of Buddhism for royal families and nobles as well as a new Buddhist art center to highlight national Buddhist beliefs in the Central Plains.

What complements the cave temples is the numerous inscriptions in Longmen Grottoes. There are more than 2,800 inscriptions in the grottoes, which have become well-known as the Yique stele inscriptions. Being selected from statue inscriptions of the Northern Wei Dynasty, the Longmen Twenty Calligraphic Gems are 20 stele inscriptions representative of the best stele calligraphy of its kind.

秀骨清像

　　北魏龙门造像大多受到孝文帝汉化改革的影响，体现了南朝风格。"清羸示病之容，隐几忘言之状"的维摩诘造像盛行一时，褒衣博带式佛衣和秀骨清像之风成为主流，佛像多面容清癯，风清古峻，"似觉生动，令人懔懔，若对神明"，反映了士族对玄学审美的崇尚。北魏分裂后鲜卑旧贵族重新掌权，东魏、西魏至北齐、北周则更多吸取外来风格。中西文明、南北文化的交流与胡汉民族的融合贯穿了北朝的石窟艺术。

菩萨头像 / A Bodhisattva's Head
北魏 / Northern Wei Dynasty
高 19 厘米 宽 11.5 厘米 厚 8.5 厘米 / H:19cm W:11.5cm T:8.5cm
1987 年龙门石窟西山火烧洞前出土 / Unearthed from the conservation project under Huoshao Cave of Longmen west hill in 1987.

　　此菩萨面目俊秀含蓄,呈闭目沉思之态,头戴宝冠,冠中间饰一自空而下的飞天,两侧为相对的飞天,装饰极为独特,表现出北魏晚期的清秀风格,雕刻精湛。

清秀奇逸

星龛奕奕

洛阳是北魏后期的都城,龙门北魏窟龛中有相当大部分由皇室和上层官吏出资开凿,代表了全国最高艺术水平,对中国造型艺术的发展产生很大影响。古阳洞是北魏孝文帝为祖母冯太后营建的功德窟,是龙门石窟开凿最早、延续时间最长、雕刻最丰富、题记数量最多的洞窟,其开凿活动始于北魏迁洛之际,至宋代仍有雕刻行为。古阳洞南北壁上层各排列四个大龛,是有计划布局开凿的最早的佛龛,除北壁内侧一龛外,龛内坐佛均着袒右式袈裟,衣纹呈密集的直平阶梯式,施禅定印,结跏趺坐于龛内坛上,肩胸宽厚,躯体健硕,是龙门窟龛中的精品。

建皇魏受图,光宅嵩洛,笃信弥繁,法教愈盛。王侯贵臣,弃象马如脱屣;庶士豪家,舍资财若遗迹。于是招提栉比,宝塔骈罗;争写天上之姿,竞摹山中之影;金刹与灵台比高,广殿共阿房等壮。

《〈洛阳伽蓝记〉序》北魏 杨衒之

杨大眼造像龛 / A Niche Built by Yang Dayan

北魏 / Northern Wei Dynasty
高 275 厘米 宽 228 厘米 深 120 厘米 / H:275cm W:228cm T:120cm
龙门石窟西山古阳洞北壁 / Originally on North Wall Guyang Cave of Longmen west hill.

尖楣圆拱形龛，龛内雕刻一佛二菩萨像。主佛着袒右佛衣，施禅定印，结跏趺坐，背光上分层雕饰坐佛、飞天、火焰纹。雕刻手法郁郁沉静，具有鲜明的犍陀罗艺术遗风。

主佛脸形瘦长，略带微笑，属于典型受南朝影响的"秀骨清像"式风格。屋形龛楣是典型的汉式建筑风格，反映了迁都洛阳后北魏佛教艺术接受中原传统文化的影响。龛主杨大眼是北魏名将，此龛乃其为孝文帝祈福所造。

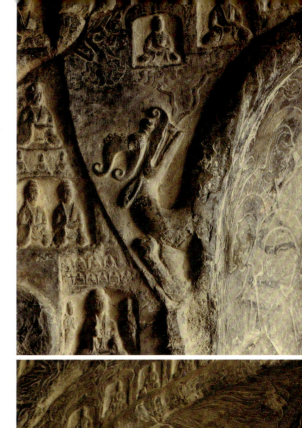

杨大眼造像龛右侧龙头
A dragon head sculpture on the right of the niche built by Yang Dayan

杨大眼造像龛内右上比丘（西）
A mon carving on the upper right in the niche built by Yang Dayan(west)

杨大眼造像龛主佛头光
The halo above the head of the chief Buddha statue in the niche built by Yang Dayan

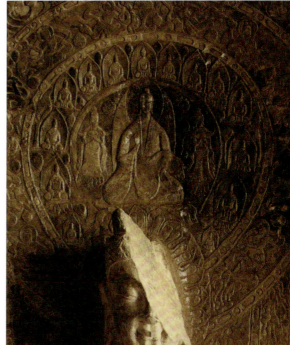

魏灵藏造像龛 / A Niche Built by Wei Lingzang

北魏 / Northern Wei Dynasty

高 275 厘米　宽 244 厘米　深 120 厘米 / H:275cm　W:244cm　T:120cm

龙门石窟西山古阳洞北壁 / Originally on North Wall Guyang Cave of Longmen west hill.

　　此龛与杨大眼龛一样具有浓厚的犍陀罗艺术风格。本尊背光间刻有最早出现于龙门的维摩经变造像,维摩诘居士手执麈尾,弹指论道,反映了南朝玄学论道形象为北魏社会所崇尚。

　　龛楣刻牵华绳童子像十一身,其渊源是古希腊·罗马的花童图像,经犍陀罗艺术转化而来。龛楣中间饰龙纹,龛前雕二狮,龛下佛坛前供养人皆着褒衣博带的汉族服装,亦民族融合与南北文化交融的体现。龛右侧造像题记为魏碑名品之一。

魏灵藏造像龛主佛头光
The halo carving above the head of the chief Buddha statue in the niche built by Wei Lingzang

魏灵藏造像龛龛楣右柱柱头及龙首
The right pillar top and dragon head in the niche built by Wei Lingzang

魏灵藏造像龛局部（中心）
Detail of the niche built by Wei Lingzang (center)

始平公造像龛 / A Niche Built by Shi Pinggong

北魏 / Northern Wei Dynasty

高 275 厘米　宽 248 厘米　深 120 厘米　H:275cm W:248cm T:120cm

龙门石窟西山古阳洞北壁 / Originally on North Wall Guyang Cave of Longmen west hill.

　　此龛为一佛二菩萨三尊式组合,主佛着右袒式袈裟,肩外加偏衫,二菩萨胁侍两侧。龛楣镌刻华丽的璎珞华绳,拱柱雕出承托的四臂力士,其形象可追溯至希腊神庙建筑中的柱像,佛坛前沿密雕西亚风格的缠枝纹图案,具有犍陀罗高浮雕造型的浓郁风格;重层下槛内供养人造像则均着夹领小袖的鲜卑式服饰,由此可见在佛教艺术领域内西域文化与鲜卑早期文化的融合现象。龛右侧造像题记则为标准的魏碑书法。

始平公造像龛主尊背光
An aureola carving A Niche by Shi Pinggong

始平公造像龛龛楣局部
Detail of the front of a niche

始平公造像龛右侧龛柱下天王（西）
Heavenly King at the base of a portal pillar(west)

古阳洞 / Guyang Cave

寺	子	作	如	光	
捷	仇	輔	來	弗	
必	池	國	應	曜	
辞	揚	將	祿	大	
於	天	軍	緣	千	
始	眼	首	以	
待	誰	閣	頌	於

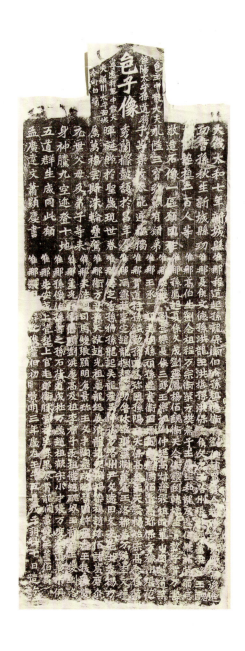

《孙秋生造像题记》拓片 / Rubbing of the Statue Inscription of Sun Qiusheng

北魏 / Northern Wei Dynasty
高 129 厘米　宽 49 厘米 / H:129cm W:49cm
龙门石窟西山古阳洞 / Originally in Guyang Cave of Longmen west hill.

　　全称《新城县功曹孙秋生、刘起祖二百人等造像记》。孟广达文，萧显庆书，刻于古阳洞南壁，是魏碑中庄茂沉劲的代表。原碑为蟠龙螭首。碑文为祈求国祚昌隆与祝愿现世来生的美好愿望。

大代大和七年
劭者大郡
劭孫秋城
秋生新
生新城
城縣
孔敬
隆造
二石
寶像
賽一
卷區
龍頂

《始平公造像题记》拓片 / Rubbing of the Statue Inscription of Shi Pinggong

北魏 / Northern Wei Dynasty
高 89 厘米　宽 39 厘米 / H:89cm W:39cm
龙门石窟西山古阳洞 / Originally in Guyang Cave of Longmen west hill.

　　全称《比丘慧成为亡父始平公造像题记》，刻于太和二十二年（498），孟达撰文，朱义章书，刻于古阳洞北壁，记录了比丘慧成为亡父造像的缘由及愿望。乾隆年间，金石学者黄易将其置于龙门造像题记之首。碑面界格方严，阳文镌刻，在历代碑刻中十分罕见，书法于朴茂之中见透达，于刚健之中见秀逸。

夫靈蹤□□□君則舉
□真□□□□□臨
□八上慧□□□
國造石窟□□□系
大夫浴□刻

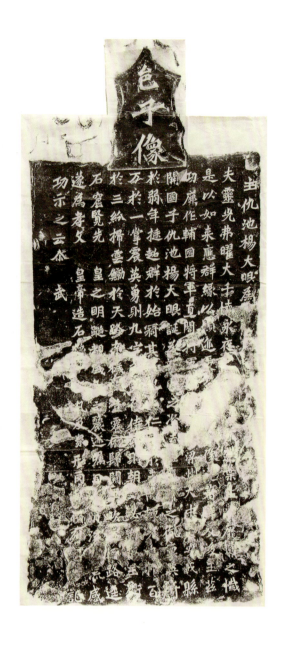

《杨大眼造像题记》拓片 / Rubbing of the Statue Inscription of Yang Dayan

北魏 / Northern Wei Dynasty
高 93 厘米 宽 40 厘米 / H:93cm W:40cm
龙门石窟西山古阳洞 / Originally in Guyang Cave of Longmen west hill.

全称《杨大眼为孝文皇帝造像题记》，刻于景明正始之际（500—508），位于古阳洞北壁。原碑为盘龙首，圭形碑额上刻"邑子像"三字，这种题额形式颇具特色。碑文赞颂了北魏将领杨大眼的显赫军功，并为孝文帝祈福。康有为曾评价此碑书法"若少年偏将，气雄力健，为峻健丰伟之宗"。

大	國	作	陀	夫
夫	造	以	真	靈
洛	石	兵	賓	降
州	龕	慧	合	感
刺	于	眾	七	則
始	系		臨	舉

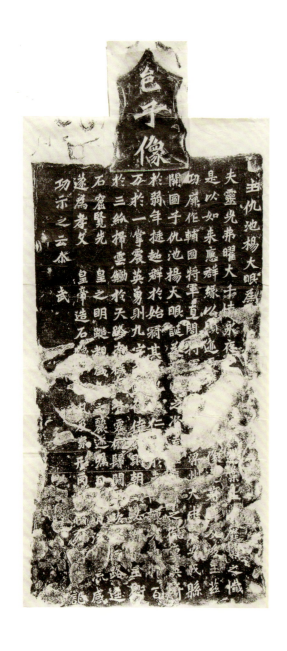

《杨大眼造像题记》拓片 / Rubbing of the Statue Inscription of Yang Dayan

北魏 / Northern Wei Dynasty
高93厘米 宽40厘米 / H:93cm W:40cm
龙门石窟西山古阳洞 / Originally in Guyang Cave of Longmen west hill.

全称《杨大眼为孝文皇帝造像题记》，刻于景明正始之际（500—508），位于古阳洞北壁。原碑为盘龙首，圭形碑额上刻"邑子像"三字，这种题额形式颇具特色。碑文赞颂了北魏将领杨大眼的显赫军功，并为孝文帝祈福。康有为曾评价此碑书法"若少年偏将，气雄力健，为峻健丰伟之宗"。

夫靈光弗曜大千陸
是以如來應群緣以
功庸作輔國將軍直
開國子仇池楊□□
於弱年子仇池揚天眼
□□挺仇輔來應大眼
□□趣池國群千□
群揚將緣□□
於天軍以□
始眼直□泉
將誕閣頭

《魏灵藏造像题记》拓片 / Rubbing of the Statue Inscription of Wei Lingzang
北魏 / Northern Wei Dynasty
高 45 厘米　宽 36 厘米 / H:45cm W:36cm
龙门石窟西山古阳洞 / Originally in Guyang Cave of Longmen west hill.

　　全称《陆浑县功曹魏灵藏、薛法绍造像记》，北魏太和景明初立，刻于古阳洞北壁。额中竖题"释迦像"，左题"薛法绍"，右题"魏灵藏"。碑文记录了造像者官职、姓名、籍贯及发愿祈福的祷语。

題龍門奉先寺

河東節度使守太尉潞國公文彥博

伊叟已先至
興師猶未至
北望一片白雲飛
卿臨高東
問人云師不久自覩歸

原碑

奉先寺卖地券 / Land Sale Contract of Fengxian Temple of Longmen
后唐 / Later Tang Dynasty
高 41.5 厘米　宽 39.5 厘米　厚 8 厘米 / H:41.5cm W:39.5cm T:8cm
2000 年龙门石窟西山奉先寺遗址出土 / Archaeologically excavated from Fengxian Temple Site of Tang Dynasty of Longmen in 2000.

　　2000 年魏湾农民在奉先寺遗址西侧，土台南 30 米左右挖土时挖出，书体楷书中含魏碑余韵并兼有行书笔法。记述奉先寺寺主宋真于后唐丁亥天成二年（927）十二月十三日立契卖罗汉台西脚下两亩地一事。此契石证明该地域属奉先寺，后唐时佛寺仍香火不断。

龍門奉先寺主僧宗真,唐丁巳歲天成貳年拾式月
拾參日立契迎賣寺後中嶺羅漢一壹所西腳下部地貳所
東西北面至南至古墳東西闊貳拾步南北長貳拾伍步賣
故安寺于佛院僧傳眄亮先大師和尚境塔地准價錢
壹拾貫文為定其錢及地立契日交相分付訖並無懸欠
其地如後別有人占認稱是自己田地不忓買之次事並是
賣人交當官有政法下遏私輂為援代兩家書契隣院
僧絁弥年五十三

寺主僧宗真年五十五
同學僧惠真年四十七
隣院主僧思範年四十
買地主內外臨壇大德傳眄奉為
先和尚澄明大師修塔地蒙以記於後
天成三年正月八日收稅訖
同學傳朗
同學河陽萬歲律院宗主內外臨壇大德傳業
同學傳眈 同學全□ 同學內外臨壇大德襲源
同學全睍 同學全□ 同學龔章

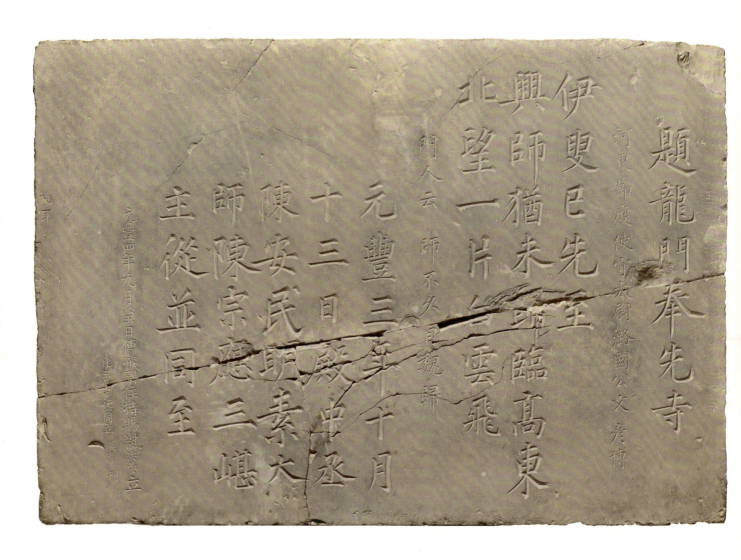

原碑

文彦博《题龙门奉先寺》碑 / A Stele on Fengxian Temple of Longmen by Wen Yanbo

北宋 / Northen Song Dynasty
高96厘米 宽143.5厘米 厚24厘米 / H:96cm W:143.5cm T:24cm
2000年龙门石窟西山奉先寺遗址出土 / Archaeologically excavated from Fengxian Temple Site of Tang Dynasty of Longmen in 2000.

　　文彦博（1006—1097）是北宋大文豪，此碑文是元丰三年（1080）文氏在龙门奉先寺所题的五言绝句："伊叟已先至，兴师犹未归。临高东北望，一片白云飞。"第二年由奉先寺僧人主持摹刻上石。

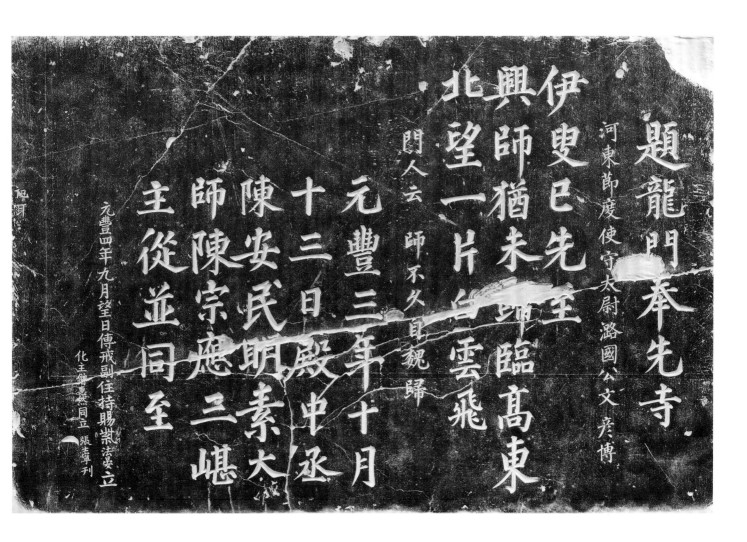

題龍門奉先寺

河東節度使守太尉潞國公文彥博

伊叟已先至
興師猶未至師臨高東
北望一片白雲飛

門人云師不久自觀歸

元豐三年十月
十二日殿中丞
陳安民明素大
師陳宗應三嵁
主從並同至

元豐四年九月望日傳戒副住持賜紫法宴立
化主僧惠然同立 張志寧刊

拓片

清秀奇逸 35

元豐三年□月十三日殿中丞陳安民殿中丞陳宗應素大嵒師陳從並同至

元豐四年九月望日傳戒副住持賜崇濟大師
化主僧惠然同立　張士寧刊

題龍門奉先寺

河東節度使守太尉潞國公文彥博

伊叟已先至
興師猶未歸臨萬東
北望一片白雲飛

門人云 師亦久自魏歸

大唐风范

唐代龙门造像与佛教

Longmen statues and Buddhism in the Tang Dynasty

　　唐朝是中国古代历史上国际化程度最高、影响最大、政治最强盛的统一王朝之一，中西文明交流与民族大融合都达到了全新的高度。初盛唐时期，陆上丝绸之路畅通，东西文明之间的国际往来频繁，佛教文化艺术也达到了历史上的高峰。洛阳自唐高宗始为帝国东都，又重新回到政治文化中心，龙门石窟也迎来了空前规模的开窟造像运动。

　　唐王朝皇室贵族大多支持佛教的发展，在国家支持下，佛经翻译、兴建寺院与造像颇为兴盛。唐高宗与武皇后共同营建龙门石窟奉先寺大佛；武周代唐后，武则天定都洛阳，大力资助龙门石窟造像的雕凿；盛唐时期，高力士等人在卢舍那大佛组像间开龛造四十八尊无量寿佛等身像为玄宗祈福。

　　初盛唐时的龙门石窟是唐皇室贵族崇佛与宗教政治活动的重要体现，造像以丰满健壮为美，在吸收西方雕刻艺术风格基础上加以中国艺术精神，更彰显了大唐雍容华贵的审美与兼容并蓄的恢弘气势。中晚唐后龙门造像屈指可数，造型艺术也大为衰减。

Being one of the most powerful dynasties in Chinese history, the Tang Dynasty was a golden age that enjoyed high internationalization and great cultural and economic influences. The exchange of Chinese and Western civilizations and the great integration of nationalities reached a new height. The Silk Road was open, enabling frequent cross-cultural exchanges between the east and the west during the early golden age of the Tang Dynasty, and Buddhist culture and art also reached a peak. In addition, Luoyang became the Empire's eastern capital in the reign of Emperor Gaozong, and served as the political and cultural center once again. Subsequently, an unprecedented cave carving and statue engraving campaign started in the Longmen area.

The Tang Dynasty royal families and nobles, for the most part, were supportive of the development of Buddhism. With the support of the state, the translation of Buddhist scriptures, and the construction of temples and statues were vibrant and productive. Emperor Gaozong and Empress Wu Zetian together decreed the construction of the Giant Buddha(Vairocana Buddha) of Fengxian Temple at Longmen. After the founding of the Zhou Dynasty (A.D. 690), Empress Wu Zetian made Luoyang her capital and generously funded the carving of statues in the Longmen Grottoes. During the golden age of the Tang Dynasty, Gao Lisi and others opened niches on both sides of Vairocana Buddha and carved 48 statues of longevity Buddha to pray for Emperor Xuanzong.

The Longmen Grottoes attest to the worship of Buddhism and religious and political activities of the royal families and nobles during the golden age of the Tang Dynasty. The statues feature plumpness and robustness as the beauty. Integrating the Western carving art and the Chinese artistic spirit, these sculptures better exhibit the elegant and magnificent aesthetics and inclusive approach of the Tang Dynasty. The middle and late Tang Dynasty produced a few statues at Longman, and formative arts declined substantially.

三 卢舍那大佛

卢舍那大佛是龙门石窟中艺术水平最高、整体设计最严密、规模最大的一座造像，始作于唐高宗咸亨三年（公元672年），位于洛阳龙门西山南都山顶大卢舍那像龛，通高17.14米，头高4米，耳长1.9米。

卢舍那大佛雕刻的信息传入日本后，日本圣武天皇发愿"敬亦尊造"，在奈良建立东大寺，并参照龙门石窟卢舍那大佛塑造了最大的铜铸像。

护法

护法即护卫佛法的神将神祇。其职责是保护佛法、护持佛法、普门正法的佛教徒不过。龙门造像中不可或缺的护法、护法的种类众多，有供养菩萨、金刚力士以及各类形象的天王。二十诸天等，其中最具特色的是盘行飞天的天王，力士、神王等。每座佛龛的雕刻内容，对门窟龛都、龛两侧的造像，为配下俗神生地灵定了庄严肃穆的宗教气息。

窟龛

窟、龛是佛教造像的主要载体。石窟从大类型上可分为有佛寺性质的禅定窟、支提窟、僧房窟、瘗窟和塔庙窟。龙门石窟主要以礼拜窟为主，为佛像的雕刻提供重要场所。据统计，龙门石窟窟龛有2300余座。

卢舍那大佛

卢舍那大佛是龙门石窟中艺术水平最高、整体设计最严密、规模最大的一座造像,始作于唐高宗咸亨三年(672),位于洛阳龙门西山南部山腰大卢舍那像龛,通高17.14米,头高4米,耳长1.9米。

雕刻卢舍那大佛的消息传入日本后,日本圣武天皇发愿"朕亦奉造",在奈良建立东大寺,并参照龙门石窟卢舍那大佛塑造了最高大的铜佛像。

龙门卢舍那大佛佛座左侧造龛记

《河洛上都龙门之阳大卢舍那像龛记》:"大唐高宗天皇大帝之所建也。佛身通光座高八十五尺,二菩萨七十尺,迦叶、阿难、金刚神王各高五十尺。粤以咸亨三年(672)壬申之岁,四月一日,皇后武氏助脂粉钱二万贯。奉敕检校僧西京实际寺善道禅师……。至上元二年(675)乙亥十二月卅日毕功。调露元年(679)己卯八月十五日奉敕于大像南置大奉先寺。……正教东流七百余载,□龛功德,唯此为最;纵广分十有二丈矣,上下今百卌尺耳。"

卢舍那大佛 / Lucena Buddha

宝相庄严

唐代佛教造像艺术以首都长安和东都洛阳为中心，形成了雍容华贵、气势恢宏的艺术样式。洛阳龙门石窟造像是东都皇室贵族造像的缩影，政治的变迁直接影响了石窟的兴衰。唐代佛教造像发展进入了全面鼎盛期，随着日常生活不断融入宗教观念，唐代佛教造像艺术表现出强烈的世俗性特征，既有饱满丰腴之态，又有婀娜之姿，既注重内在气韵，又强调外在表现，内敛含蓄而又自由浪漫，形神兼备，充满想象力，以雕塑的栩栩如生来表达对世间美好的向往，展现了大唐的自信精神与盛世气象。

佛是梵语「佛陀」的略称，意思是「觉悟者」，本指释迦牟尼佛，后为圆满觉悟真理者的总称，是佛教修行的最高果位。佛造像一般衣饰简朴，头上有高肉髻，眉心有一束白毫，常表现为一个圆点，身后有背光，两肩宽阔圆满，手印或手势传达了不同的意涵。

佛坐像 / A Seated Buddha

唐 / Tang Dynasty
高 199 厘米 宽 79.5 厘米 厚 67 厘米 / H:199cm W:79.5cm T:67cm
征集 / Collecting

坐像和台座为整体雕刻而成,肉髻表面遍布波状发纹,正面作"品"字形。右手残失,左手食指、中指伸直。衣褶在膝前向下弯曲,袈裟下摆垂覆于八角形台座上。

佛坐像 / A Seated Buddha
唐 / Tang Dynasty
像高 170 厘米　宽 106.5 厘米　厚 72.5 厘米 / H:160cm W:106.5cm T:72.5cm of statue
座高 95 厘米　宽 112 厘米　厚 89 厘米 / H:95cm W:112cm T:89cm of base
征集 / Collecting

　　此佛像结双跏趺坐于八角形束腰莲座上，肉髻螺发，脸颊丰满圆润，着通肩式袈裟，裙裾覆垂于台座，衣纹刚劲而有节奏。右手应施无畏印，左手扶膝。
　　整尊佛像塑造成熟稳重，在吸收外来风格的基础上形成了形神兼备的中国面貌，展现了盛唐的自信与恢弘气度。

优填王造像 / A Udayana

唐 / Tang Dynasty
高 114 厘米 宽 54 厘米 厚 41 厘米 / H:114cm W:54cm T:41cm
征集 / Collecting

此尊优填王瑞像高肉髻,身着右袒薄衣,倚坐在素面方座上,双足踏莲台。这种造像多集中在洛阳地区,现存甚少。造像薄衣贴体,衣纹极简,具有印度笈多式风格。

菩萨

　　菩萨在佛教中是仅次于佛的第二等果位,常伴佛的左右,其职责是协助佛,用佛教的宗旨和教义传播佛法,普度众生。从头部而言,菩萨像头戴雕镂精美的宝冠,早期的菩萨像面部有蝌蚪形小髭,唐宋以后趋向女性化,眉长而弯,凤目微张,神情静谧慈祥。从身上装饰来看,菩萨穿戴精美复杂的项饰、璎珞、臂钏,身披天衣,腰束贴体罗裙,显露出健美婀娜的体形。菩萨臂膀圆润,十指纤细修长,两足赤裸,装束富丽堂皇,是古代印度和中国贵族妇女形象的结合。

舒相座菩萨像 / A Seated Bodhisattva
唐 / Tang Dynasty
高 86.5 厘米　宽 44 厘米　厚 45 厘米 / H:86.5cm W:44cm T:45cm
2000 年龙门石窟西山奉先寺遗址出土 / Archaeologically excavated from Fengxian Temple Site of Tang Dynasty of Longmen in 2000.

　　菩萨面部丰满圆润，肌肉写实，身饰项圈、帔帛与璎珞；腰束大裙，腰部细窄而鼓腹，半跏趺坐于束腰莲花台座上。宽大轻薄的裙裾覆盖莲台，衣纹简练流畅，莲瓣刚劲有力，呈现了盛唐雍容华贵的菩萨姿态。
　　此菩萨发髻中间饰宝瓶，可知此尊是与观音菩萨相对应的大势至菩萨，与主尊阿弥陀佛并称为"西方三圣"。半跏趺坐姿（或曰"舒相坐"）菩萨形象很可能是玄奘传来的新样式之一，更具自由张力与世俗化特性。

舒相座菩萨像（局部）
A Seated Bodhisattva (part)

菩萨头像 / A Bodhisattva's Head

唐 / Tang Dynasty

高 19 厘米　宽 11 厘米　厚 11 厘米 / H:19cm W:11cm T:11cm

龙门石窟东山擂鼓台区窟前出土

Unearthed from the south outside Leigutai Cave of Longmen east hill.

束高发髻，面容端庄祥和。出土时带有蓝色彩绘。

护法

护法由护卫执法的诸神组成,其职责是保护佛教、护持佛法,使佛门的正常秩序得以运转,是佛教造像中不可或缺的角色。护法神阵容强大,瑰丽多姿,有威严慑人的四大天王、横眉怒目的金刚力士以及形形色色的天龙八部、二十诸天等。其中最有特色的是各种飞天形象,她们能奏乐,善飞舞,每当佛陀进行讲经时,她们便凌空飞舞,奏乐撒花,奉宝供果,为佛门天界增添了活泼生动而又瑰丽奇谲的祥瑞欢快气氛。

力士像 / A Warrior

唐 / Tang Dynasty
高 136 厘米　宽 54 厘米　厚 26.5 厘米 / H:136cm　W:54cm　T:26.5cm
1955 年龙门石窟西山路洞前出土 / Unearthed under Lu Cave of Longmen west hill in 1955.

　　此尊力士造像为典型盛唐作品。头上绾髻，额头中央隆起，上身筋骨暴起，下身裙裳飘动，呈怒目圆睁之状，给人以摧破的气势感。

　　这种造型与武则天后期开凿东山二莲花洞（第 2211 窟）及高平郡王洞（第 2144 窟）力士像接近。龙门石窟力士造像多塑于窟外两侧，形象十分丰富。

力士像 / A Warrior

飞天 / An Apsaras

唐 / Tang Dynasty

高 48 厘米　宽 23.5 厘米　厚 9 厘米 / H:48cm W:23.5cm T:9cm

1953 年山东青岛海关移交 / It was stolen in 1930s and returned by Qingdao Customs in 1953.

该飞天双手向前，身躯呈 L 形，腰身柔软，帔巾飘举，体态优雅，当属盛唐时期作品。

窟龛

窟龛指的是石窟寺,即依山崖开凿建造的佛教寺庙建筑,起源于印度。约在东汉以后随佛教经西域传入中国内地。北魏至隋唐时为兴盛期,各地开凿大量新窟,唐以后渐衰。龙门石窟现存有窟龛共2345个。

范家婆造像龛 / A Niche Built by Fan Jiapo

唐 / Tang Dynasty
高 54 厘米 宽 47 厘米 厚 15 厘米 / H:54cm W:47cm T:15cm
1992 年龙门石窟西山 29 号龛 / Originally in Niche 29 of Longmen west hill in 1992.

　　此龛原镶嵌在龙门石窟西山第 29 窟前室南壁，出土时左上角断开，现已修复。龛内造一佛二菩萨，三尊造像面部均残破，主尊结跏趺坐，二胁侍菩萨站立于莲台上。龛下长方格内中间香炉，两侧各一狮子一供养人。佛龛与洞窟同是盛唐时期的作品。

唐代经幢信仰及其艺术

佛教经幢一般是指书写经文的八棱形石柱，多雕刻密教陀罗尼经典，以唐初佛陀波利译《佛顶尊胜陀罗尼经》为最多。据译本所载，此经可拔济众生于恶道，以满足人们摆脱地狱恐惧的需要。"破地狱"思想是尊胜陀罗尼最显著的特征之一。

佛顶尊胜咒及其经幢崇拜是唐代佛教最为流行、最具普遍意义的大众信仰形式。据其功能，可分为寺幢、墓幢、路幢等多种。唐代石幢经历了由初期的简洁向中晚唐多层且雕饰繁复的演变过程，许多经幢也可反映一地之文学、书法、风俗及信仰，蕴含了丰富的社会文化信息。

唐大中四年造像塔 / A Pagoda with Sutra Column
唐 / Tang Dynasty
高59厘米 直径60厘米 / H:59cm D:60cm
1989年龙门石窟西山宾阳洞附近出土 / Originally unearthed near Bingyang Cave of Longmen west hill in 1989.

　　此塔段是为洛阳圣善寺僧怀则位于龙门天竺寺东北的墓地所立的幢塔基座,由门人比丘绍明造立于唐大中四年(850)。塔段为矮壮圆柱体,中西风格结合。

　　塔段上部刻《佛顶尊胜陀罗尼经》《大轮金刚陀罗尼经》《心中心真言》和《广大宝楼阁善住秘密陀罗尼》。下部四面凿尖拱形造像龛,龛间线刻菩提树,正面龛内雕中央婆娑世界释迦牟尼佛,左右为胡跪捧莲供养菩萨,龛外两侧各刻披铠甲双手按剑立于须弥山石座上的天王。左侧龛内为西方净土世界阿弥陀佛,右侧龛内刻东方琉璃世界药师佛,背面龛内刻未来佛弥勒。

唐大中四年造像塔（局部）
A Pagoda with Sutra Column (part)

唐大中四年造像塔（局部）
A Pagoda with Sutra Column (part)

珪和尚功德幢 / The Usnisa Vijaya Dharani Sutra Column

唐 / Tang Dynasty
高 136 厘米　直径 43 厘米　面幅宽 11.5—12.5 厘米 / H:136cm D:43cm W:11.5-12.5cm
征集 / Collecting

　　此幢为八面体，幢柱顶端浮雕四佛坐像与四菩萨立像相间排列，每尊像右上方均刻有题名。依逆时针方向排列分别为：天鼓音佛、弥勒菩萨、阿弥陀佛、文殊菩萨、宝生佛、普贤菩萨、阿閦毗佛、观自在菩萨。此佛菩萨组合与密宗创始人之一善无畏《大日经仪轨》所传胎藏界曼荼罗中台八叶院的正方四佛、隅角四菩萨完全相同，是研究盛唐密教思想传播极为重要的实物资料。

　　首行题："大唐中岳东闲居寺故大德珪和尚纪德幢。"署名："弟子大敬爱寺沙门智严立庙叙文。"据幢文可知，元珪是盛唐著名禅师，圆寂后其弟子智严感念师恩，修建此幢，奉敬于龙门东万安山附近寺院之内。

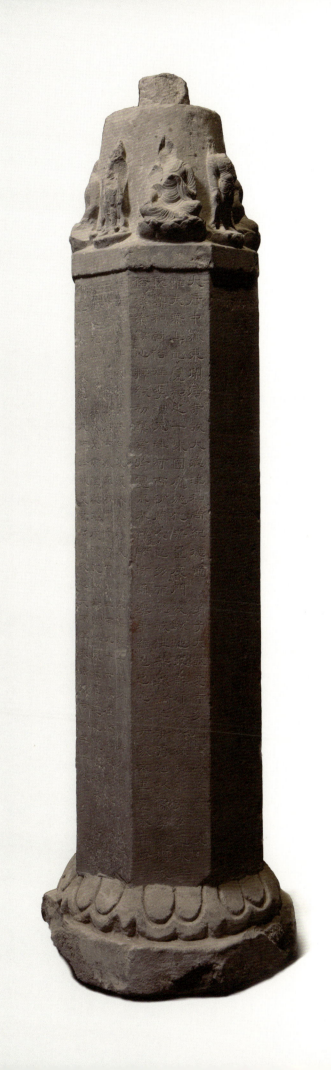

珪和尚功德幢（局部）
The Usnisa Vijaya Dharani Sutra Column for Monk Gui (part)

夫唐中嶽東閑遭寺故大德珪和尚紀德幢草子犬城袁寺多聞東壁益龕銘并敘
以薰和尚俗姓李諱慧初稟業於靈泉未禪師㝠詣
心釋教初稟業於靈泉未禪師詩誦蓮華縚桅己意徒矣區里竟兒
積延多示儆敕鞁華角翁冠迨麈塵公通來
敬變贊請入大師許未暗惜以大師及期大
乃青味義子親首豕緩入舍利及瞪閒秦禪
自詐詰在石曰故無餘續龜縚之一井三昧天竺無太禁大敘
處故知迹為約海悟鄂塲之先誥相踵大
如居與瓶城大德同建少林嶺濱禪要驗之
林寺相繁之國在蒻苓絡龕之懸古人息太師郢
嶽楊州居士嚴㩦利部中東三百九十七年左唇歸寅㾓
就曇摩岢難目蒹摩人魏普傳惠可可傳粲粲傳信信傳忍忍傳如如至和尚凡十里三
才容簡密擻訶難目蒹摩一時永昌中大師頓廢慧之荊府暴虎嵩岳有俊緣聚精盡山忍脊涌泉出
減謙雛掩入至再三歲味榜秘縚以素化鏡所居湘水不蕭靈廡中忍肯不蕭雪廡中
運蓮諡雛掩人至再三歲味榜秘縚以素化鏡所居湘水不蕭靈廡中忍肯不蕭雪廡中
山侗與肆由茶常得汝申雖衆人奇心布
壬應延肆居文申是道陰氛頑鵁
未匕問遠湖元八羊春忽謂
水未匕閒遠湖元八羊春忽謂
士廬延肆居文申是道龕
和尚䔩吩氣塲没讖神軍餘
和尚䔩吩氣塲没讖神軍餘
同堂當門人至世年

盛世重归

——龙门流失文物的追索与保护

Search and protection of the lost cultural relics of Longmen

晚清民国时期,一批海外探险者来到中国,古董商与收藏家也纷至沓来,无数珍贵文物被毁坏、盗劫或低价买走。龙门石窟也难逃此厄运,大量洞窟遭到破坏,千年石窟盛景备受摧残。近年来,在有关部门和爱国人士的不断努力下,部分流失海外的龙门造像陆续回到祖国的怀抱。

全力追索流失文物的同时,龙门石窟研究院也利用现有资源,对石窟进行数字化保护与修复,让千年前的盛世场景重现于世人面前。

During the late Qing Dynasty and the Republic of China, a group of overseas explorers came to China. Antique dealers and collectors also came in droves, and countless precious cultural relics were destroyed, robbed or sold at a low price. The Longmen Grottoes were no exception. A large number of caves was damaged, and the millennium grotto scenery was devastated. In recent years, relevant departments and patriotic characters have made incessant efforts to bring back some of the lost Longmen statues.

While trying to trace the lost cultural relics, the Longmen Grottoes Research Institute also makes use of existing resources to digitally protect and repair the grottoes so as to reproduce the splendor from one thousand years ago.

流失与追索

据不完全统计，流散海外的龙门造像现存于日本、美国以及欧洲多个国家公私机构，有200余件组。其中最著名的宾阳中洞孝文帝与文昭皇后礼佛浮雕像分别藏于美国大都会艺术博物馆和堪萨斯纳尔逊艺术博物馆。

促进流失文物归还原属国已成为国际社会的普遍共识和期望。2001年，加拿大国家美术馆向中国国家文物局无偿归还龙门石窟看经寺迦叶罗汉像，开启了龙门石窟遗失文物的回归之路。许多非法出境的中国文物在海外颠沛流离，令人痛心，期待更多的流失文物能早日回归故土。

佛头像 / A Buddha's Head

北魏 / Northern Wei Dynasty
高 32 厘米 宽 14 厘米 厚 12.5 厘米 / H:32cm W:14cm T:12.5cm
原龙门石窟西山古阳洞高树等造像龛佛头
2005 年 10 月回归龙门石窟 / Originally in Gaoshu Niche in Guyang Cave of Longmen west hill, returned to Longmen in 2005.

　　佛像头部表面局部有锈蚀,头上高肉髻,波状发纹,眉间有白毫相,脸形修长,五官清秀,刀法刚健有力,颈下保存一部分斜披袈裟之襟缘,系北魏后期龙门佛教造像艺术"秀骨清像"的范例。

　　20 世纪初期被盗凿,运往法国,后流落比利时,1991 年由美籍华人陈哲敬收藏。1992 年专家确认为古阳洞北壁高树解伯都等三十二人造像龛主尊的头部,该龛造像题记为"龙门二十品"之一。

高树等造像龛 / The Niche by Gao Shu et al.

北魏 / Northern Wei Dynasty
高 132 厘米　宽 156 厘米　深 55 厘米 / H:132cm W:156cm T:55cm
龙门石窟西山古阳洞北壁 / Originally on North Wall Guyang Cave of Longmen west hill.

　　此龛主佛结跏趺坐,主佛两侧有二胁侍菩萨,均有背光。此龛完成于景明三年（502）五月三十日。造像记位于造像龛左下方,高40厘米,宽28厘米。记载邑主高树、解伯都等三十二人的邑社造像,共同祝愿仙逝父母及见存眷属的来生。

斜上，嘴含微笑，蕴涵寂静，属于龙门石窟盛唐时期典型的雕刻风格。

佛头像 / A Buddha's Head
唐 / Tang Dynasty
高 43 厘米　宽 26 厘米　厚 19 厘米 / H:43cm W:26cm T:19cm
2005 年 10 月回归龙门石窟 / Returned to Longmen in 2005.

　　此尊头像形体硕大，表面斑驳严重。面容饱满，眼半闭斜上，嘴含微笑，蕴涵寂静，属于龙门石窟盛唐时期典型的雕刻风格。

　　盛唐为龙门石窟开凿鼎盛期，雕塑艺术价值极高，龙门盛唐时期的佛首盗损严重。目前龙门盛唐时期大型立佛、坐佛 40 多尊，大多有身无首。

佛头像 / A Buddha's Head

观音菩萨头像 / An Avalokitesvara's Head

唐 / Tang Dynasty
高 37 厘米　宽 17 厘米　厚 16.5 厘米 / H:37cm W:17cm T:16.5cm
原龙门石窟西山火顶洞主尊左胁侍观音菩萨头像
2005 年 10 月回归龙门石窟
Originally in Huoding Cave of Longmen west hill, returned to Longmen in 2005.

　　此尊造像头顶挽高发髻,髻前饰化佛,脸形丰腴适中,五官匀称,神态静穆端庄。
　　20 世纪 30 年代被盗,20 世纪 80 年代由美籍华人陈哲敬收藏,1992 年确认位置在第 1524 窟(火顶洞)北壁,是正壁主佛的左胁侍菩萨,堪称唐代佛教造像的杰作之一。

观音菩萨头像 / An Avalokitesvara's Head

复原与保护

龙门石窟历经千年,由于自然风化、人为盗凿等原因,许多窟龛造像残缺不全。近年来,龙门石窟研究院确立了"回归历史,再现芳华"的数字化复原理念,积极展开探索,通过数字技术让残缺的窟龛造像得以重生,在新时代焕发风采。

观世音像龛 3D 打印 / The Niche of an Avalokitesvara (3D printing)
唐 / Tang Dynasty
高 112 厘米　宽 65 厘米　深 30 厘米 / H:112cm W:65cm T:30cm
龙门石窟西山万佛洞前室南壁 / Originally on the south wall in Wanfo Cave of Longmen west hill.

　　龙门石窟虚拟修复工作以"龙门最美观世音"为例开展探索实践。该观世音像龛位于龙门西山万佛洞前室南壁，造像身姿婀娜、雕刻细腻，被誉为"龙门最美观世音"。可惜其发髻以下至鼻子以上部位遭到破坏，极大地影响了公众对其完整的感知。
　　此次虚拟修复以历史照片为依据，以学术研究为基础，针对文物本身损坏部分，融合三维数字化技术、颜色检测分析技术、雕塑艺术为一体，按照一定规则对其进行虚拟修补，复原其历史样貌，并结合现代科技手段为观众提供全新的浏览体验。

观世音像龛虚拟修复 / The Niche of an Avalokitesvara (Virtual renovation)
唐 / Tang Dynasty
高 112 厘米 宽 65 厘米 深 30 厘米 / H:112cm W:65cm T:30cm
龙门石窟西山万佛洞前室南壁 / Originally on the south wall in Wanfo Cave of Longmen west hill.

观世音像龛现状

观世音像龛历史照片（1910年）

佛立像 / A Standing Buddha

唐 / Tang Dynasty
高 214 厘米　宽 62 厘米　厚 56 厘米 / H:214cm W:62cm T:56cm
龙门石窟东山擂鼓台区窟前出土 / Unearthed from the south outside Leigutai Cave of Longmen east hill.

　　此立像身穿通肩大衣，立于莲花台上，面略长而圆润、眼睑稍厚，属 8 世纪前期制作。据研究、考证，该尊造像原是万佛沟高平郡王洞（第 2144 窟）的造像，早期被盗后埋藏于擂鼓台南洞南侧，1982 年文物维修工程中，在擂鼓台三洞前修建石刻陈列廊取土时发现。因早期深埋于地下，未经受自然、人为破坏，是龙门石窟最完美的一身唐代圆雕立像。1997 年，此像曾被河南省南阳市南召县几人盗走，经洛阳市公安局侦查破案，追回了这件石刻精品。可惜的是，在盗窃、运输过程中，佛像被折毁为三段，左手折断后被盗窃犯扔掉，无法找回，身躯得以修复，双手却无法还原。

佛立像（局部）
A Standing Buddha (part)

当代艺术作品

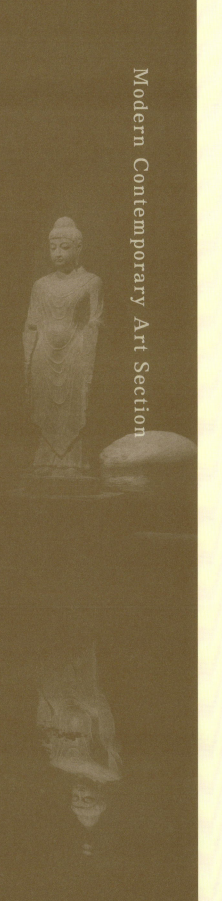

Modern Contemporary Art Section

尹朝阳
黄渊青
任天进
罗小戍
张健君
翁纪军
何成瑶
宋　钢
韩子健

尹朝阳

1970年生于河南南阳,1996年毕业于中央美术学院,现工作生活于北京,是中国"新绘画"的重要代表艺术家。

《伊阙》和《龙门气象》采用全景式的构图,描绘的是龙门石窟标志性的卢舍那大佛和天王,以及东山和西山之间的伊河。作品将西方元素与东方元素相结合,色彩颇有青绿之风,大块的颜色平涂与书写性笔触相结合,突显了强烈的个人气质。

伊阙
布面油画 | 60厘米 × 70厘米 | 2020

Longmen
Oil Painting | 60cm × 70cm | 2020

龙门气象
布面油画 | 120 厘米 × 250 厘米 | 2020

Lanscape of Longmen
Oil Painting | 120cm × 250cm | 2020

当代艺术作品

黄渊青

1963年生于上海,现工作生活于上海。

这两件现代书法作品完成于1989年,体现了作者重新看待中国书法传统的态度和对现代艺术的表达方式。虽然黄渊青后来的作品转向了抽象绘画,但龙门碑刻早已成为其视觉基因的一部分并体现在其作品深处。

无题

纸本水墨 | 100 厘米 x 100 厘米 | 1989

No Title

Chinese Ink Painting | 100cm x 100cm | 1989

无题
纸本水墨 | 140 厘米 × 69 厘米 | 1989

No Title
Chinese Ink Painting | 140cm × 69cm | 1989

任天进

1962年生于上海。20世纪90年代起往来生活工作于中、美两国,艺术实践从中国书法,到绘画和雕塑,并致力于当代书法的创新创作。作品被旧金山亚洲艺术博物馆,中、美、德等著名跨国企业及国际名校博物馆等收藏。

这是一件从书法研习中获取灵感并将书法作品与太湖石相结合而形成的雕塑作品。作品消解了传统书法的平面性,通过重构的方式形成了一种全新的艺术语言,把"东风"两字嵌入金属材质中,使之与雕塑本身相融合,是中国书法当代表达的一个创新实践。

太湖石·东风
高镍白铜 | 225 厘米 × 114 厘米 × 95 厘米 | 2018

Taihu Rock – East Wind
Nickel silver | 225cm × 114cm × 95cm | 2018

太湖石·东风（局部）

Taihu Rock – East Wind (part)

罗小戍

2004年本科毕业于湖北美术学院，2008年硕士毕业于上海大学美术学院并留校任教。中国工艺美术协会玻璃艺术专业委员会委员、泰国普吉国际艺术交流中心学术委员会委员。罗小戍作品呈现的是玻璃艺术语言与形式的纯粹性，并试图以最原初的形态揭示了那些隐藏在自然结构下面的本质。2012年，在上海玻璃博物馆举办个展，作品多次在国内外参加玻璃艺术学术性展览，并为上海玻璃博物馆等多家艺术机构或个人收藏。

罗小戍屡屡参观考察中国古代石窟，有感于造像雕刻艺术及其石窟空间样式的精彩纷呈，从而创作出《佛教造像空间研究》《丝路浮想》系列作品。艺术家表达了他对存在与虚无、精神与物质空间之间关系的思索——"界限并非是某件事物终止的地点，而是古希腊理解的，是指事物开始存在的地点"；"虚空间是指视觉上的空透，但事实上是有物质界限的事物，…虚空间从其位置取得存在，而不是空间本身"。

对于物质层面的东西，能量既能塑造亦能毁灭自身，一切缘于尘埃，也归于尘土。这不禁使我们也联想到六世佛祖慧能所说"菩提本无树，明镜亦非台。本来无一物，何处惹尘埃？"

佛教造像空间研究 III
玻璃 | 31.5 厘米 × 20 厘米 × 11 厘米 | 2016

Research on Space of Buddhist Statues III
Glass | 31.5cm × 20cm × 11cm | 2016

丝路浮想
玻璃 | 60厘米 × 30厘米 × 90厘米 | 2021

Imagination about Silk Road
Glass | 60cm × 30cm × 90cm | 2021

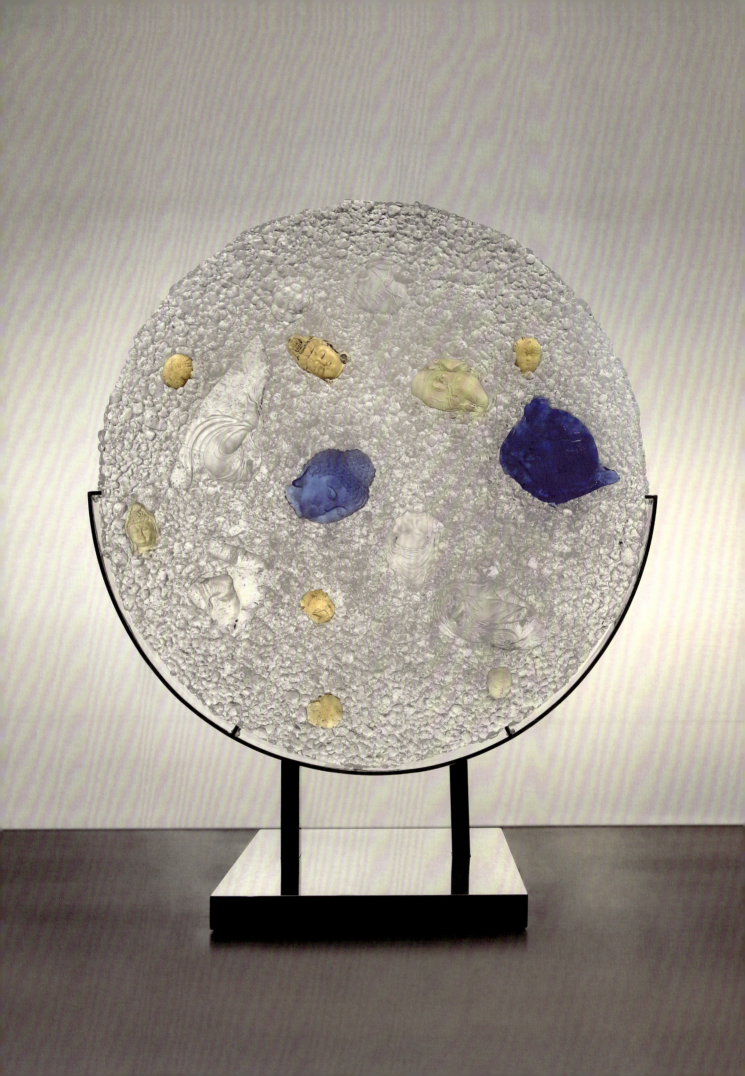

张健君

长期在纽约及上海两地生活与创作。1997年开始,在美国纽约大学任教。多次荣获国际艺术奖项,包括:首届上海青年艺术大展一等奖,中国上海(1986)洛克菲勒基金会亚洲文化协会(ACC)访问艺术家奖,美国纽约(1987—1988)波洛克艺术基金会创作奖,美国纽约(1991)纽约艺术基金会三年度优秀雕塑/装置艺术家奖,美国纽约(2007,2014)英国皇家艺术院/K11艺术基金会艺术家驻留创作奖(2019)等。

《龙门罗汉》《龙门菩萨》是张健君于1979年在龙门石窟的现场创作性写生作品。龙门石窟造像中不同文明间的相互影响,开启了张健君跨文化对话的全新的视觉体验。这两件作品,不是简单地临摹,而是把形而上的抽象性与表现性笔触引入画面,由此开启了他早期抽象作品的创作并贯穿他整个80年代的抽象作品系列。

龙门菩萨

纸本油画 | 78.5 厘米 × 54.5 厘米 | 1979

私人藏

Longmen Buddha

Oil Painting | 78.5cm × 54.5cm | 1979

Private Collection

龙门罗汉

纸本油画 ｜96 厘米 × 60 厘米 ｜1979
余德耀美术馆藏

Longmen Arhat
Oil Painting ｜96cm × 60cm ｜1979
Collected by Yuz Museum, Shanghai

翁纪军

1981年毕业于江西师范大学艺术学院,1994年进修于中央美术学院。中国美术家协会会员,上海美术家协会漆画艺术委员会主任,上海工艺美术学院教授,上海工艺美术大师,上海市非物质文化遗产保护工作专家委员会委员。现生活于上海。

《蠱》由三根脱胎立柱组成,融合了大漆创作的各个阶段——髹涂、裱布、刮灰、打磨、贴箔、抛光等。打破了传统的工艺手法,运用破残、重叠的箔料贴肤与图像符号注入,强调作品手法与质感的对比,重复与覆盖,精致与粗犷在作品中同时呈现。《记忆》用金箔颜色来呈现,直接体现"髹与磨",使得无数层的积累和叠加"有迹可循",最终以单纯的形式来呈现。

记忆
大漆、木板、苎麻、金箔 | 56.5厘米 × 46.5厘米 × 5厘米 | 2017

Memory
Lacker, Wood, Ramie, Goldleaf | 56.5cm × 46.5cm × 5cm | 2017

蠱
大漆、苎麻、瓦灰 | 高：211厘米，206厘米，119厘米 | 2018

Standing
Lacker, Ramie, Ceramic powder | H：211cm, 206cm, 119cm | 2018

何成瑶

1964年生于重庆。1986年入读四川美术学院美术教育系,2000年入读中央美术学院油画系当代艺术研修班。创作题材来源于艺术家成长背景及边缘群体,创作媒介大多采用现场艺术以及观念摄影形式。艺术作品多次参加国内外博物馆、美术馆学术交流展览活动。

何成瑶是2000年以来中国重要的行为艺术家。2013年始,何成瑶将其行为艺术结合画面,进行过程即绘画的创作。据她自述,受佛教修习的影响,2013—2017年间,她在纸上用马克笔或针一秒钟一个点,用如此反复的方法创作。展览中的两件作品是以创作完成的时间长度来命名的。画面中的小点所形成的圆形其实是通过秒的刻度,记录时间的流逝,表现"世间如此周而复始"的观念。

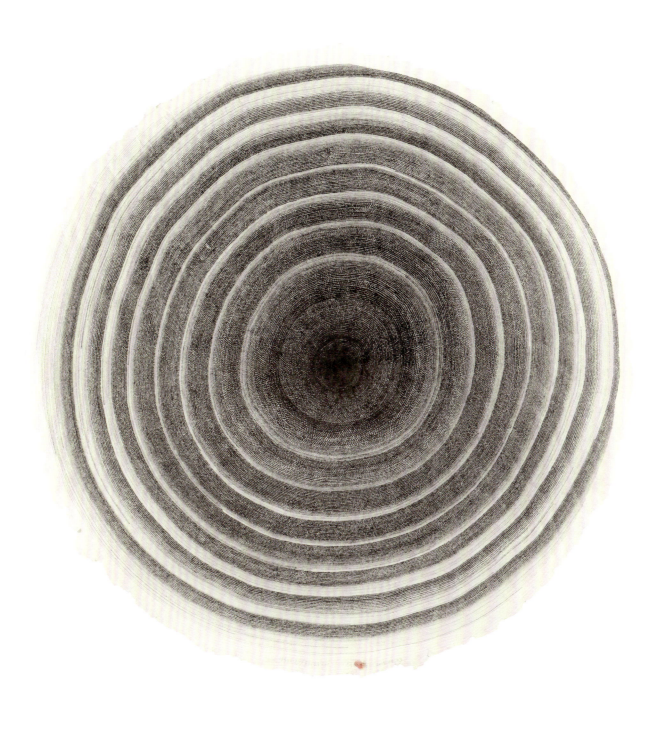

185221 秒
马克笔、汉皮纸 ｜直径:145 厘米 ｜2015

185221 Seconds
Mark Pen, Paper ｜D:145cm ｜2015

201103 秒
马克笔、汉皮纸 ｜直径:145 厘米 ｜2015

201103 Seconds
Mark Pen, Paper ｜D:145cm ｜2015

宋钢

1986年毕业于浙江美术学院（现中国美术学院），1997年毕业于罗马美术学院。2005年起任罗马艺术大学教授。现为罗马艺术大学校长助理、意大利卡坦扎洛国立美术学院院长助理、四川美术学院外籍教授、上海大学上海美术学院特聘教授、博士生导师。改革开放以来，作为中国前卫艺术的代表性人物而享有国际声誉。先后获得"意大利共和国金奖""教皇——保罗二世，国际和平奖"等国际奖项。

长期从事水墨的实验研究，其水墨创作形态一直处于学术前沿。在宋钢看来，水墨不仅仅是媒质与表现形式，而且是社会现场变化的某种精神揭示。展览作品《数字之维》，来源于当下的社会现场。今天，人们生活在以数据空间为主导的生活空间之中，人们的生存环境与社会的关系已不再是人和人之间的关系，而是人和手机软件之间的关系连接。这件作品既是对社会现场的思考，也是对龙门石窟进行数字化实践的回应，拓宽了艺术与社会彼此间的影响。

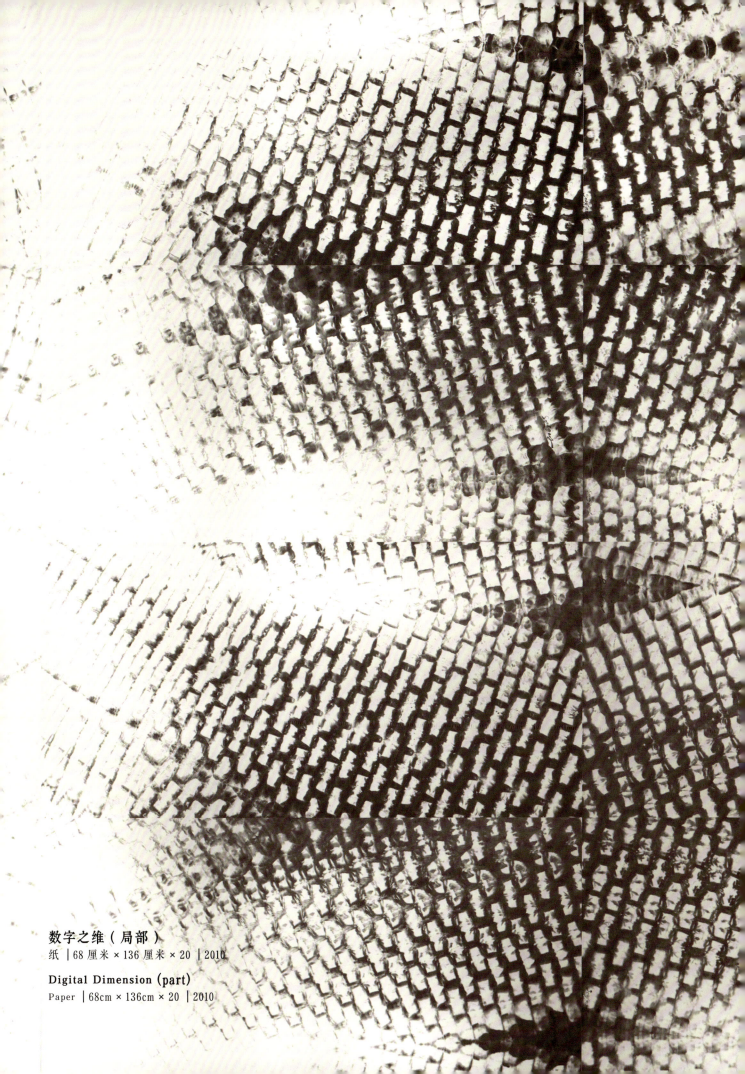

数字之维（局部）
纸 │ 68厘米 × 136厘米 × 20 │ 2010

Digital Dimension (part)
Paper │ 68cm × 136cm × 20 │ 2010

数字之维

Digital Dimension

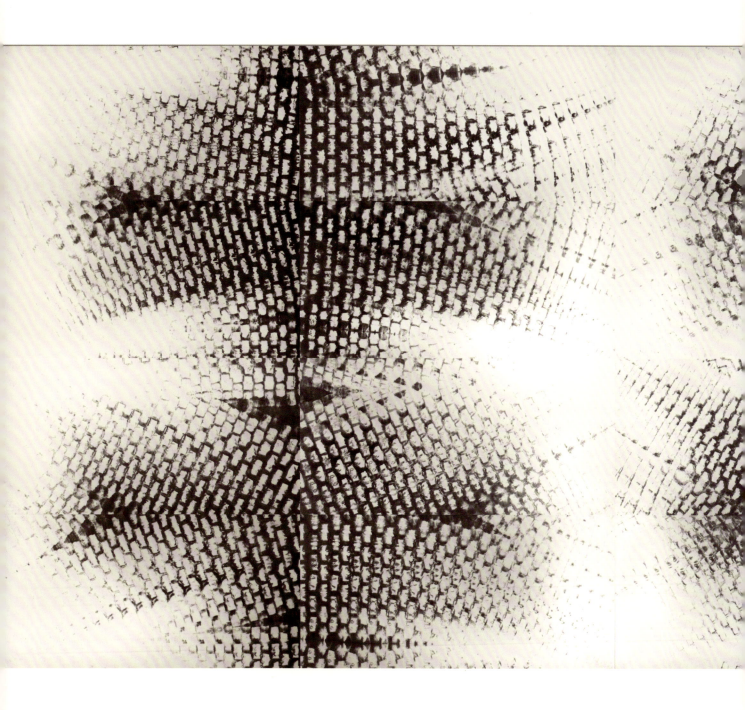

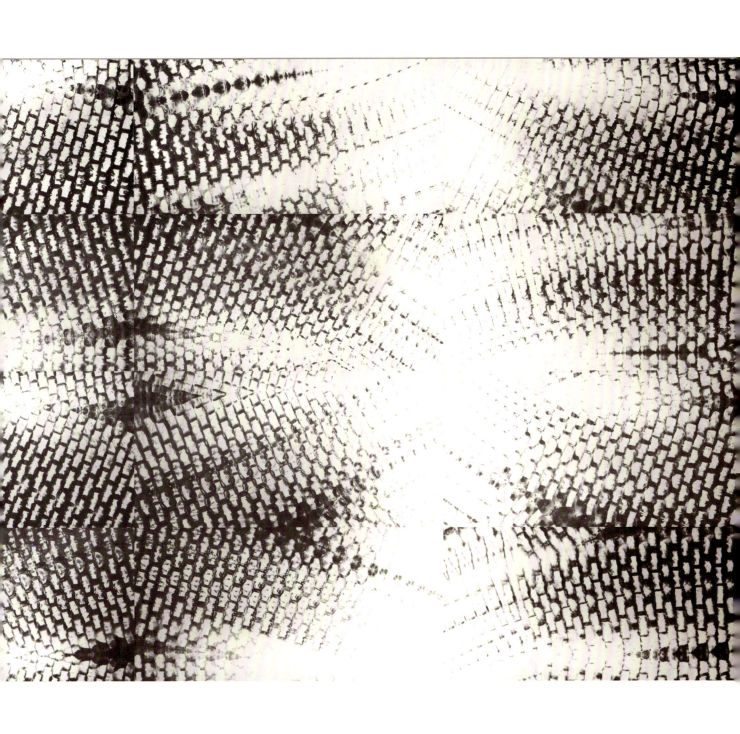

韩子健

1972年出生,1996年毕业于上海大学美术学院雕塑系,现任职于上海油画雕塑院。举办个展有"杀千刀"(2015)、"遥远之迹"(2020)。参加的主要群展有全国美展实验艺术展、大同国际雕塑双年展、未曾呈现的声音——威尼斯双年展平行展、重新发电——第九届上海双年展、意大利国际雕塑双年展、北京国际双年展等。

装置作品《指月》创作始于2010年,参加过第九届上海双年展。1993年,韩子健第一次来到龙门石窟,直面佛教造像的历史经典。之后逐渐对佛教,特别是禅宗一些有极具智性的、充满戏剧性的特殊表达产生了浓厚的兴趣。2010年开始创作的《指月》,其断指或孤悬、或聚丘、或治印,正是源自对这种特殊经验的着迷。本次展览中,韩子健根据展览空间对《指月》进行了重新组合,是当年作品的观念延续。

指月（局部）

钢板、玻璃钢树脂 ｜ 钢板:200厘米×120厘米　玻璃钢:100厘米×60厘米 ｜ 2010—2011

Finger Pointing at the Moon (part)

steel plates, glass epoxy ｜ steel plates:200cm×120cm　glass epoxy:100cm×60cm ｜ 2010-2011

指月
Finger Pointing at the Moon

展览结语

龙门石窟作为佛教石窟造像艺术发展的重要里程碑,清晰印证了佛教传播的脉络,见证了佛教造像艺术本土化的进程,代表了中国石刻艺术的最高峰。

展览从对话的角度呈现了龙门石窟造像与碑刻艺术的千年历史厚度和对当代艺术的影响。这些饱经沧桑的经典造像与形式多样的当代艺术作品,跨越时空的阻隔,在历史与当代、伊河与泮池之间搭建起一座沟通的桥梁,使龙门石窟在当下焕发出新的生机与活力。

结 语

龙门石窟作为佛教石窟造像艺术发展的重要里程碑，清晰印证了佛教传播的脉络，见证了佛教造像艺术本土化的进程，代表了中国石刻艺术的最高峰。展览从对话的角度呈现了龙门石窟造像与碑刻艺术的千年历史厚度和对当代艺术的影响。这些饱经沧桑的经典造像与形式多样的当代艺术作品，跨越时空的隔阂，在历史与当代、伊河与洋池之间搭建起一座沟通的桥梁，使龙门石窟在当下焕发出新的生机与活力。

文论

宋玉形容巧 吴毫肖貌良——精妙辉煌的龙门石窟艺术
· 杨超杰 朱佩

龙门石窟佛衣样式研究
· 陈悦新

上海博物馆藏龙门石窟流散雕刻的复位研究
· 焦建辉 李柏华 杨超杰

四川广元千佛莲花洞考古新发现
· 雷玉华 王婷 李凯 王剑平

论传统与当代对话的策展理念在博物馆展览中的实践——以"铭心妙相:龙门石窟艺术对话特展"为例
· 马琳

宋玉形容巧 吴毫肖貌良
——精妙辉煌的龙门石窟艺术

杨超杰 朱佩

龙门石窟研究院

摘要：本文通过对龙门石窟的名称由来、地理环境、历史进程、艺术特征、文物现状等方面的论述，诠释了龙门石窟是中华石窟艺术宝库中的璀璨之星，是5—8世纪石窟艺术的典范之作，展现了中国北魏至唐代期间最具规模和最为优秀的造型艺术，代表了中国石刻艺术的最高峰。

关键词：龙门石窟；精妙辉煌；造像特征；石刻艺术

佛教从1世纪左右自古印度传入中国，其系列产品中最重要者即石窟，随之在华夏大地遍地开花，形成了灿若繁星的壮阔景观。中国石窟大致分为五个区域，即新疆地区、河西走廊地区、中原北方地区、巴蜀地区、东南地区。龙门石窟就是其中最为耀眼的一颗，代表了5—8世纪中国石刻艺术的最高峰。本文对龙门石窟名称的来历、石质环境、基本数据、开凿简史、艺术特征、现状与保护等方面进行论述，希冀人们对龙门石窟有更全面的认识。

一、龙门石窟名称的来历

图1 龙门石窟鸟瞰

龙门石窟位于洛阳城南13公里伊河两岸的山崖上,这里两山对峙,伊水中流,远望形如一道天然门阙,古称"伊阙",因自古以来这里都是险关要隘,兵家必争的军事要塞,故也称"阙塞"(图1)。

大量的文献记载表明,这一区域最初基本称为"伊阙":

《左传·昭公二十六年》:"七月,……晋知跞、赵鞅帅师纳王,使女宽守阙塞。"

《战国策·西周策》:"秦攻魏将犀武军于伊阙。"

《史记·白起列传》:"(秦)昭王十三年,而白起为左庶长,……其明年白起为左更,攻韩、魏于伊阙。"

《史记·周本纪》:"五十九年,……西周恐倍秦,与诸侯约从,将天下锐师出伊阙攻秦。"

《后汉书·灵帝纪》:"中平元年,……置八关[1]都尉官。"

《水经注·洛水》:"灵帝中平元年,以河南尹何进为大将军,五营士屯都亭,置函谷关广城、伊阙大谷、轘辕挺关、平津、孟津等八关都尉官治此。函谷为之首,在八关之限,故世人总其统目,有八关之名矣。"

《魏书·释老志》:"于洛南伊阙山,为高祖、文昭皇太后,营石窟二所。"

"伊阙"改称"龙门"始于隋炀帝时期。伊阙正对隋炀帝杨广所居东都洛阳城宫城正南门,形如洛阳城南一座天然的门阙,殆因古代帝王自拟为"真龙天子",故称其为"龙门"。

《元和郡县图志·河南府》:"初炀帝常登邙山,观伊阙,顾曰:'此非龙门耶?自古何因不建都于此?'仆射苏威对曰:'自古非不知,以俟陛下。'帝大悦,遂议都焉。"

而龙门石窟造像记资料显示,"龙门"的称谓始于唐高宗时期,唐太宗时期仍有"伊阙"之称。这可以刻于贞观十五年(641)宾阳南洞外北侧的伊阙佛龛之碑、窟内北壁刻于贞观二十二年(648)的洛州思顺坊老幼造像记中的记录佐证。

显示"龙门"称谓的造像记至少有两则。第669窟第68号龛右造像记:

惟显庆三年岁次戊午月癸丑朔,佛弟子杨真藏为亡祖先灵,并愿上品往生诸佛国土,闻经悟道末及 □,爱诸眷属普蒙安乐,于洛州龙门敬善寺之南西颓,造阿弥陀像一铺并二菩萨,庄严成就,相好具足,以此功得,普施苍生入萨婆苦海。

第669窟第159号龛下造像记:

清信女弟子子常奉,为过去二亲于龙门之岩,敬造阿弥陀像一铺。愿二亲齐生净土,闻甚深法,悟真常乐,共法界苍生,修菩萨行,登涅磐岸。显庆三年岁戊午四月癸丑朔三日乙卯。

二、龙门石窟的石质环境

龙门山为岭山系之余脉熊耳山分支,从宜阳向东抵龙门形成东西对峙的两山:西山海拔263.9米,古称钟山、天竺山;东山海拔303.5米,又名香山,因盛产香葛得名。发源于洛阳栾川县西部伏牛山区的伊河自南向北穿流于两山之间,临河两岸山势陡峭,气势壮观,南北绵延1公里,密如蜂房的大小窟龛大都开凿在沿河两侧的山崖上。龙门石窟所在的岩体系古生代寒武纪(5亿年前)和石炭纪(2.7亿年前)造山运动形成的石灰岩和白云岩,石质优良,坚硬且不易风化,宜于精雕细刻,因此成为佛教石窟开凿之盛地。例如古阳洞南壁一小龛龛楣中刻出了完整的高仅1厘米的坐佛像。北壁下层一造像龛的龛楣雕刻繁缛精美，分三层，自上而下：第一层，尖拱，拱内相间刻出坐佛和菩萨像，间饰各种形态的莲花。拱外两侧各刻出四身飞天像，中间沿尖拱边缘刻忍冬纹作分隔用。第二层，圆拱，拱端刻鸟首衔帷幕，拱梁饰鱼鳞纹。圆拱下两端刻文殊、维摩说法，中间刻莲花、宝珠。第三层，盝顶，格内相间刻出化生像、铺首。盝顶下刻葡萄纹华绳，华绳均十字交叉分别交于化生像和铺首口中。华绳下刻帷幕。（图2）

图2 古阳洞左（北）壁284龛龛楣

三、龙门石窟的基本数据

龙门石窟自5世纪末始凿，延至10世纪，历经北魏、东魏、西魏、北齐、隋、唐、后梁、北宋以至明代，断续营造400余年。北魏和唐代是龙门石窟开窟造像的两大高峰，历时近150年，其中北魏时期的造像占龙门窟龛造像总数的30%，唐代造像占60%。东西两山现存大小洞窟2345个，造像近11万尊，碑刻题记2840余品，佛塔80余座。之所以有如此精准的数据，主要得益于20世纪末龙门石窟研究院大量细致的基础工作，留下系列调查、统计资料和出版物，主要有《龙门石窟编号图册》《龙门石窟碑刻题记汇录》《龙门石窟总录》

图3 龙门石窟西山全景

《龙门石窟雕刻粹编——佛塔》等等。

值得一提的是，龙门石窟现存的造像并非像其他石窟有确切的数字，一般的说法是10万余尊，这与龙门的特殊情况有关。龙门石窟规模庞大，窟龛众多，难以统计数量是其首要原因。此前没有洞窟编号是其统计中的瓶颈，洞窟编号一经确定，经过详细的调查记录（凡开凿在崖面高度不足30厘米者及洞窟所属小龛不予编号），目前龙门石窟的造像数量为109500多尊，接近11万尊。但这个数字也不能认定是最终的确切数量，在现在游览路面的下方仍存有相当数量的窟龛造像，这些集中位于老龙窝、石牛溪和交脚弥勒龛区域。近年来在龙门石窟区域内，仍不断有新的窟龛造像被发现。因此，龙门石窟造像数量的最终确定还需假以时日。（图3）

图4　皇甫公窟正壁造像

四、龙门石窟的开凿简史

龙门石窟始凿于北魏太和初年，历经东魏、西魏、北齐、隋、唐诸朝的大规模营造，随后的五代、宋仍然存在断断续续的开凿窟龛的活动，一直到明清时期尚有零星的窟龛出现。一般说来，石窟的开凿大致分四个阶段：

第一阶段是北魏时期，时间大约自太和初年至永熙三年（483—534）。这是龙门石窟开窟造像的第一个高潮。以1443窟（古阳洞）的开凿为标志，拉开了龙门造像的帷幕。这一时期开凿的主要洞窟有：古阳洞、宾阳三洞、火烧洞、莲花洞、魏字洞、普泰洞、皇甫公窟（图4）、路洞、药方洞等。除此之外，还有大量的小龛造像，它们全部分布在西山的崖壁上，其雕造数量约占龙门石窟总数的十分之三。

第二阶段是东魏至唐高祖年间，包括西魏、北齐、隋等诸朝（534—626）。这一时期是龙门石窟雕造的低潮。东魏、西魏、北齐时期，洛阳成为战争纷起、兵戎相见的战场，千里沃土变成了兵匪出没的蒿艾荒野，百姓颠沛流离，生活在极度恐慌之中，正规有序的造像只能成为意想中的海市蜃楼。此时的雕造活动仅是在前代的窟龛中择隙营造一些小型的龛像，且数量很少，直到隋朝和唐高祖年间，这种情形仍在延续。（图5）

图5　古阳洞北齐造像龛

第三阶段是唐太宗至唐玄宗时期（626—755）。这是龙门石窟的第二次造像高潮。此时佛教发展呈现盛势，中国式佛教完全形成，同时龙门开窟造像活动达到极盛，雕造题材和雕刻技艺等方面也达到了空前绝后的程度，其中奉先寺的

图6　潜溪寺正壁

雕造是最杰出的代表。这一阶段的代表洞窟还有：潜溪寺（图6）、宾阳北洞、宾阳南洞、敬善寺、万佛洞、惠简洞、八作司洞、龙华寺、极南洞、看经寺、高平郡王洞、擂鼓台三洞等。

这也是龙门石窟造像最多、艺术成就最高的一个阶段，造像数量占龙门石窟造像总数的十分之六。

第四阶段是唐肃宗至宋代及明清。这是龙门开窟造像的衰落期，由于安史之乱后政局不稳，以及全国政治、经济、文化中心的迁移，龙门石窟造像走向衰落。迨至明清，所开龛像堪称寥寥，直至绝迹。（图7）

图7　宋代造像龛

五、龙门石窟的艺术特征

内容广博的龙门石窟归纳起来，有以下五个明显的特点，使得其在全国石窟乃至世界石窟中占有无可比拟的重要地位。

1. 龙门石窟是中国石窟艺术中最重要的石刻艺术宝库之一

龙门石窟两山现存大小洞窟2345个，造像近11万尊，碑刻题记2840余品。两山造像依岩开凿，窟龛密如蜂房，南北绵延1公里。整个石窟规模宏大，气势磅礴，雕刻精湛，内容丰富，被誉为最伟大的古典艺术宝库之一。无论从事何种职业，从事何种研究，在这里都可以找到坚实的支撑，唤起人们诸多的回忆与联想。兹举数例来说明这一宝库的无与伦比。

商业行会造像　著名的商业三窟保存了唐代社会商业发展的重要资料。这三个洞窟分别是北市丝行龛、北市香行龛（图8）和北市采帛行净土堂。北市是隋唐洛阳城中的一个超级大市场。

社会婚俗　在1394窟（党屈蜀洞）内，存有造像主刘宝睿的三个造像龛。仪凤二年（677）九月，其妻赵二娘病故后，伤感之时连续为夫人造像两龛。足以说明他们情义甚笃。但是，时隔八个月后，即次年五月，刘宝睿又在这个洞窟内造像一龛，原因是他续娶妻子范氏怀孕，此为祈求身孕平安而造。说明

图8　北市香行龛正壁

佛教信仰已经深入人心，同时刘宝睿的家庭生活业已"恢复正常"。

宗教信仰　龙门石窟虽然是一座以佛教为主的石刻殿堂，但还保存了其他宗教文化的石刻作品（图9）。有中国道教崇奉的天尊像，目前已知的共有三处。也有来自西方的基督教文化因素的瘞藏逝者骨灰的瘞穴遗迹。充分说明了佛教的包容宽广的宗教性格，同时也表现了中华文化对外来文明的吸收传承与创新。

图9 道教造像龛　　　　图10 惠简洞主佛像

弥勒像造型的演进　弥勒佛的形象一直以"大肚、笑口常开"被人们所熟知,是依据五代十国之后梁僧人"布袋和尚契此"的形象演化而来。龙门石窟的弥勒形象分为三种:其一,交脚弥勒像;其二,菩萨装弥勒像;其三,倚坐式佛装弥勒像(图10)。这些弥勒像开凿于北魏或者唐代,比大肚弥勒像形成之五代十国早了200余年。

2. 龙门石窟对中国石窟造像艺术变革做出了重要贡献

2000年11月,联合国教科文组织将龙门石窟列入世界文化遗产名录,世界遗产委员会评价:"龙门地区的石窟和佛龛展现了中国北魏晚期至唐代(493—907)期间,最具规模和最为优秀的造型艺术。这些翔实描述佛教宗教题材的艺术作品,代表了中国石刻艺术的最高峰。"两山造像依岩开凿,窟龛密如蜂房,南北绵延1公里。龙门石窟远承古代印度石窟艺术,近继云冈石窟风范,与魏晋洛阳和南朝深厚的历史文化水乳交融,孕育出中国化、世俗化的石窟艺术。整个石窟规模宏大,气势磅礴,雕刻精湛,内容丰富,被誉为最伟大的古典艺术宝库之一。

北朝石窟造像秀骨清像、潇洒飘逸,为富有生机、健康和力度的中原风格。宾阳中洞的造像布局和雕刻艺术,和谐优美,匠心独运,是中国石窟样式的重要代表,也是中原风格的完美体现(图11)。古阳洞是龙门石窟开凿最早、时代延续最长、内容最丰富的一个洞窟,也是北魏皇室贵族发愿造像最为集中的洞窟,洞内四壁及窟顶雕刻各式佛龛多达1000余个,碑刻题记800多品,是中国石窟中保存造像题记最多的一个洞窟。古阳洞内四壁及窟顶佛龛琳琅满目,龛楣、背光等处的雕刻精细繁缛,所表现出的礼佛场面、建筑式样及龛楣装饰等图案纹样极富变化,完美地展现了当时绘画和雕刻技巧的高超水平。

利用天然溶洞开凿洞窟也是龙门石窟开凿洞窟的一种方法,这种方法省时省力。北魏孝明帝孝昌年间(525—527)开凿的莲花洞就是典型的利用天然溶洞加以开凿的。洞内雕一佛二弟子二菩萨,与其他佛像不同的是,佛像为立像。迦叶、阿难随侍左右,亦步亦趋,迦叶手执锡杖,阿难致礼肃立。菩萨像清秀华丽,仿佛显现着佛陀世界的庄严和繁荣。在洞窟两壁刻满了大大小小的佛龛,布局

图11 宾阳中洞正壁主佛像

图12 莲花洞正壁

或层次分明,或错落有致,窟顶的莲花,高浮雕的手法使直径3米有余的莲花在洞内更显醒目,繁缛精美的文饰雕刻使整个洞窟充满典雅、祥和的气氛。(图12)

进入唐代,龙门石窟造像逐渐演变为体躯丰腴端丽、面相丰满圆润、形态健壮典雅的风格,达到了雕刻史上的高峰。举世闻名的奉先寺是龙门石窟规模最大、雕刻最具有代表性的作品。造像布局为一佛二弟子二菩萨二天王二力士。群像雕凿栩栩如生,主像卢舍那大佛通高17.14米,典雅丰满,含蓄静美,衣纹简洁明快,给人以朴实含蓄之美(图13)。胁侍像中弟子温良恭顺,菩萨华丽矜持,天王威武健壮,力士暴躁雄强,药叉无所畏惧,均达到了形神兼备的艺术效果。奉先寺的雕刻充分显示了唐代皇家石窟的恢弘气势,体现了大唐帝国强大的物质和精神力量,是中国雕塑艺术的最高成就,是一个伟大时代的象征,是东方佛教艺术的典范。

位于龙门石窟西山中部崖壁上的万佛洞完工于唐高宗永隆元年(680)十一月,是专为唐高宗、武则天做"功德"而开凿的功德窟,因窟内南北两壁所雕15000尊小坐佛而得名。万佛洞的整体布局与人物形象的刻画,极富世俗性。宗教的主题与"皇帝即佛"的创作意图相结合,在极大程度上造成了天国主宰即是人间君主的至高无上的气概。万佛洞是统一规划雕凿的,其整体布局显示出大唐帝国的雄风。负责营造这座具有重要历史价值和艺术价值洞窟的主持人是两位女性:一位是朝廷的女官姚神表,另一位是出家尼姑内道场智运。洞外南壁有许州仪凤寺尼真智所造的观世音菩萨像,被誉

图13 奉先寺卢舍那大佛

图14 万佛洞比丘尼真智造观音龛

为龙门唐代菩萨像的精美范例（图14）。万佛洞这一大型洞窟，无论是群像的布局还是人物的刻画，都达到了神形兼备的艺术效果，它是古代匠师把丰富想象同现实生活紧密结合的产物，将大唐帝国的繁荣昌盛与文化艺术的高超造诣展现得淋漓尽致。

3. 龙门石窟的碑刻题记是一部涵盖多种学科的"石史"

据统计，龙门石窟的碑刻题记2840余品，多达30余万字，其数量居世界石窟之冠，内容主要是出资开窟造像功德主的发愿文。功德主涵盖皇亲国戚、达官贵人、文人学士、平民百姓、僧侣信士等各个阶层，甚至还有外国的信徒。这不仅是龙门石窟历史沿革的文字记录，也是一部涵盖多学科的石刻史料，涉及政治、经济、军事、宗教、地理、民族、姓氏、民俗、艺术、医药、中外文化交流等领域，具有补史之阙、正史之误的重要价值。这些碑刻题记也被书法家们推崇，最著名的有"龙门二十品"和"伊阙佛龛之碑"等，被称为"龙门体"而享誉中外。其中"龙门二十品"字形端正大方，气势刚健质朴，结体、用笔在汉隶和唐楷之间，既保留着隶书的遗风，又孕育了唐楷新体的因素。不但是北魏时期书法艺术的精华之作、魏碑书法的代表作，也是极具研究价值的珍贵史料。（图15）清代学者康有为曾大力提倡整个社会书写要用魏碑体，并在《广艺舟双楫》中赞誉魏碑"十美"："一曰魄力雄强，二曰气象浑穆，三曰笔法跳越，四曰点画峻厚，五曰意态奇逸，六曰精神飞动，七曰兴趣酣足，八曰骨法洞达，九曰结构天成，十曰血肉丰美，是十美者，唯魏碑南碑有之。"

4. 龙门石窟是北魏和唐代皇家贵族发愿造像最集中的地方

皇家贵族发愿造像是皇家意志和行为的具体体现，也是皇家政治与佛教关系的晴雨表，具有浓厚的国家宗教色彩，展现石窟艺术中典型的皇家风范。如北魏宣武帝开凿的宾阳洞，唐高宗所建奉先寺，实际上就是在造像中"令如帝身"思想的具体表现，佛陀与皇帝，宫廷与神殿在这里达到了形神合一。其兴衰嬗变，在一定程度上反映了中国历史上的风云变幻和经济发展。正是由于统治者的直接经营，动用了国家的人力、物力和财力，才造就了如此绚丽多彩的龙门石窟艺术。

5. 龙门石窟是佛教众多宗派的集成

佛教在中国的发展，唐代达到顶峰，各个宗派争奇斗艳，竞相发展，龙门石窟的造像也集中反映了这一历史现象。优填王造像与法相宗，净土堂与净土宗，奉先寺与华严宗，看经寺与禅宗，千手千眼观

图15 古阳洞始平公造像碑拓片

图16 千手千眼观音龛

音龛（图16）与密宗，地藏菩萨像与三阶教等，总能找到各个佛教宗派的代表造像。这种现象在全国石窟中极为罕见，反映了龙门石窟在当时的中心地位，为研究造像题材、宗派活动提供了翔实的实物资料。

六、龙门石窟的现状与保护

龙门石窟在历史上和近现代曾惨遭破坏和盗凿劫掠，满目疮痍。造成龙门石窟现在千疮百孔、十有九损，令人痛心疾首局面的罪魁祸首，详细说来有自然和人为两方面原因。自然原因主要是指三大病害，即围岩崩塌、洞窟漏水、风化剥落，这是我们在石窟保护过程中亟待解决的首要问题。而人为原因主要有三次大的破坏。第一次，唐武宗发动的"会昌法难"和后周世宗的灭佛行动，即带政治性的官方灭佛行动。在元代诗人萨天锡游历龙门石窟后所写的《龙门记》中记载："诸石像旧有裂衅及为人所击，或碎首，或损躯，其鼻耳其手足或缺焉，或半缺全缺，金碧装饰悉剥落，鲜有完者。"这里已很少有完整的佛像了。第二次，中华民国时期，为了整修窟龛前的公路，肆意爆破山体，采集石块筑路。据编写《伊阙石刻图表》的关百益先生统计，这次破坏龙门石窟雕像的残迹共有七处之多，这些地方我们现在仍可看到。第三次，在20世纪30年代，一些帝国主义国家的文化强盗，他们勾结国内的一些民族败类，通过订立合同，实施盗凿、运输、销售的卑鄙伎俩，对龙门石窟进行大肆盗窃。根据1965年调查统计，这期间龙门石窟被盗凿共计720多处。

1965年12月23日，石匠王惠成等三人应约到龙门石窟现场指认1930—1935年间被土匪胁迫盗凿佛像的位置。他们在莲花洞外造像龛（图17）前说，当年是法国人通过土匪将照片给他们，指定要这几个供养人像。结果拿着照片找了几天也没找到，若找到可能就已经凿走了。真乃不幸中之万幸！

文物见证历史、承载记忆、传承文明，是铸就文化自信的深沉底色，是维系民族精神的坚韧纽带。20世纪初，龙门石窟遭到大规模破坏、盗凿，大批造像流落海外。流失海外的文

图17 莲花洞外造像龛

物是我国文化遗产不可分割的组成部分,文物的流散回归,不仅与国家的治乱兴衰息息相关,更紧紧牵动着所有中华儿女的心弦。新中国成立伊始,党和政府把遏制文物流失、抢救珍贵国宝提上重要日程,开启了流失文物回归的恢弘篇章。1953 年,青岛海关通过故宫博物院交回龙门石窟保管所一批文物,有宾阳中洞礼佛图残片七箱以及小坐佛、飞天、佛头、狮子等。1968 年,上海博物馆将一件唐代残狮子移交给龙门石窟保管所。

2001 年 4 月 19 日,加拿大国家美术馆在北京将龙门石窟 2194 窟(看经寺)内迦叶罗汉像的上半身(图 18-1、图 18-2)归还给龙门石窟,开启了龙门石窟流失造像回归的序幕。2005 年 10 月 23 日,龙门石窟迎来了佛像回归的又一次盛事,国家文物局经过论证,抢救征集了旅美收藏家陈哲敬先生收藏的古阳洞高树龛佛首等七件龙门石窟造像并移交给龙门石窟研究院。它们分别是:

古阳洞高树造像龛佛头,高 32 厘米,位于 1443 窟(古阳洞)北壁上层著名杨大眼龛上方一列小型龛中,为现知唯一存世的一件主尊佛首。该龛左侧"造像记"为赫赫有名的北魏法书"龙门二十品"之一,是魏碑中的精品。佛首高肉髻,饰涡旋状发纹,面相清秀长圆,眉间浅刻白毫,强烈地表现出北朝晚期造像由"云冈风格"向"龙门风格"过渡的特点。(图 19-1、图 19-2)

图 18-1 看经寺迦叶罗汉像

火顶洞菩萨头像,高 37 厘米,属于窟内左侧胁侍菩萨像。戴高冠,正面饰刻化佛,额际刻挽发,中间刻宝珠,面部雕刻静穆精细,丰腴圆润,是唐代雕刻的巅峰之作,具有明显的唐代开元时期的风格。

佛头像,高 17.8 厘米,石灰岩质,高肉髻,品字形涡旋纹饰,是龙门石窟唐代佛像雕刻中的特有表现形式,面相方圆丰满,嘴角微翘,神态静穆端丽,雍容大度,大约是武周至开元年间的作品,在龙门石窟中的具体位置尚待确认。

图 18-2 看经寺迦叶罗汉像

菩萨头像,高 23 厘米,石灰岩质,高宝冠,上刻一坐佛,额际挽发呈八字形中分,面相长圆清秀,可能是龙门石窟北魏时期某一造像龛之交脚弥勒的头部,在石窟中的具体位置不详。

飞天像,长 36 厘米,石灰岩质,是龙门某一洞窟顶部成组飞天雕刻中的一件,头部束发,颈佩项圈,面庞饱满秀丽,体态飘逸自然,生动传神,是唐代龙门雕刻中的佳品,具体位置待确认。

佛头像,高 43 厘米,石灰岩质,磨光肉髻,面部雕刻具有典型的龙门石窟武周开元风格,是一件精美的佛教石刻艺术品,具体位置待确认。

天王头像,高 35 厘米,石灰岩质,束发,蹙眉瞪目,表情威严夸张,颈部残存铠甲局部,是一件难得的艺术珍品,在龙门石窟中的位置待考。

此批文物均系 20 世纪前半叶不法奸商自龙门石窟盗凿出境,是北魏晚期至盛唐(493—756)中国造型艺术极盛期的优秀作品,充分展示了在龙门形成并影响全国石窟造像的"中原风格"和"大唐风范"两种划时代的造型艺术的风采,展现了北魏、唐代典型的皇家石窟寺造像艺术风范,是龙门石窟造像艺术不可分割的组成部分,具有重大的历史、艺术和科学价值。流失文物的回归合璧,对恢复龙门石窟这一世界文化遗产的完整性具有重要意义。

党的十八大以来,在习近平新时代中国特色社会主义思想指引下,我国流失文物追索返还工作进入了全方位发展、多层次提高的崭新阶段,文物追索返还国际合作不断扩展深化,流失文物回归取得突破性成就。时至今日,龙门石窟精美的雕刻仍有不少散布在世界各地的博物馆和私人收藏家手里,让历尽沧桑的佛像有朝一日回归故里,迎请流散佛像回归龙门石窟,是我国政府和所有中华儿女时时关注且从未放松的一项长期而艰巨的工作。流失文物的回归之路,见证的正是中华民族从站起来、富起来走向强起来的伟大历程!

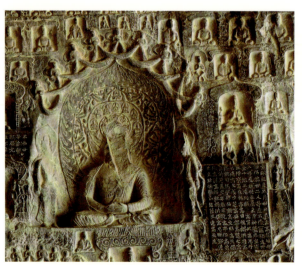

图 19-1 古阳洞北壁高树造像龛

图 19-2 古阳洞北壁高树造像龛佛头

结　语

　　代表着中国石刻艺术最高峰的北魏王朝和唐帝国时期,大规模雕凿的龙门石窟所在地正是国都所在地——在政治、经济、军事、文化、艺术等方面均是全国的中心。龙门石窟艺术所产生的一切必定会对整个社会产生引领作用,其影响必定会呈放射状延及全国乃至域外地区。本文是作者以龙门石窟艺术的演讲报告为蓝本而作,只言片语不足以反映其丰富的内涵,人们若能对其有个概念性的认识也便足矣。最后以明代诗人公鼐对龙门石窟的赞美之词"宋玉形容巧,吴毫肖貌良"[2]作为结束语。

[注]

[1] 唐李贤注:"八关谓函谷、广城、伊阙、大谷、轩辕、旋门、小平津、孟津也。"

[2] 宋玉:战国时楚国人,屈原弟子,为楚大夫,是历史上著名的文学家。形容巧:指宋玉对美女的描述。宋玉《登徒子好色赋》:"天下之佳人,……莫若臣东家之子。……增之一分则太长,减之一分则太短;著粉则太白,施朱则太赤;眉如翠羽,肌如白雪;腰如束素,齿如含贝;嫣然一笑,惑阳城,迷下蔡。"这里取宋玉此意,来形容龙门石刻造像艺术的精巧。吴:指唐代画家吴道子。毫:笔。吴毫肖貌良:意为龙门石窟各种造像人物栩栩如生,就好像吴道子笔下的人物肖像一样。

龙门石窟佛衣样式研究

陈悦新
北京联合大学应用文理学院

摘要：龙门石窟北魏佛衣有覆肩袒右式、上衣搭肘式和上衣重层式三种样式，唐代佛衣有中衣搭肘式、通肩式和袒右式三种样式，这些佛衣样式的来源都与南北朝隋唐的文化中心有密切关系。龙门石窟上衣搭肘式佛衣对东西部地区产生了广泛影响，上衣重层式佛衣主要集中在洛阳地区；中衣搭肘式、通肩式和袒右式三种佛衣作为两京地区的范式，影响遍及全国。中衣搭肘式佛衣在宋代以后也为菩萨所披覆，成为流行的佛与菩萨的着衣样式，展现了中华文化与印度文化融会贯通形成的强大生命力。

关键词：龙门石窟；北魏；唐代；佛衣样式

龙门石窟位于河南省洛阳市南12公里的龙门山麓，前滨伊水，东北距汉魏洛阳故城20公里，现窟龛编号总计2345个[1]。北魏洞窟集中在龙门西山，分作三个阶段[2]：第一阶段为孝文、宣武时期（494—515）；第二阶段为胡太后时期（516—528）；第三阶段为孝明以后的北魏末期（528—534）。佛衣保存较好的计15座洞窟。

唐代窟龛占总数的三分之二[3]，在西山和东山均有分布。约自贞观四年（630）至天宝十四载（755）的125年，可以说是龙门石窟唐代开窟造像的黄金时期[4]。龙门石窟唐代大型洞窟分作四期[5]：第一期主要完工于太宗后期（637—649），属创始阶段；第二期主要完工于高宗时期（649—683），属发展阶段；第三期主要完工于武周时期（684—705），属繁盛阶段；第四期主要完工于中宗、睿宗和玄宗时期（705—714），属衰落阶段。佛衣保存较好的计26座洞窟。

一、龙门石窟北魏和唐代的佛衣样式

佛衣，又名"三衣"，由三层长方形衣从里向外披覆组成。里层第一衣称安陀会，意译为下衣，遮覆下体；中层第二衣称欝多罗僧，意译为中衣，遮覆全身；外层第三衣称僧伽梨，意译为上衣，亦覆全身。三衣之内还有防止弄污三衣而在上身贴体披覆的僧祇支[6]。

根据三衣内在的逻辑关系，以及印度和汉地佛教造像中三衣的披覆形式，可从层次上将佛衣分为上衣外覆类和中衣外露类。上衣外覆类仅表现上衣的披覆形式，又可分为通肩式、袒右式、覆肩袒右式、搭肘式、露胸通肩式五种类型；中衣外露类既表现上衣也表现中衣的披覆形式，又可分为上衣搭肘式、上衣重层式、中衣搭肘式三种类型[7]。

（一）龙门石窟北魏佛衣样式

龙门石窟北魏佛衣主要有覆肩袒右式、上衣搭肘式和上衣重层式三种样式。

覆肩袒右式佛衣。上衣自身后通覆两肩，右衣角由右腋下方绕过搭左肩，露出右胸和右臂。胸部可见僧祇支。主要见于古阳洞两侧壁由下而上第三层七大龛，其中有明确完工年代的左壁外侧龛为太和二十二年（498）铭慧成龛（图1）、右壁外侧向内数第三龛为景明三年（502）铭孙秋生龛、右壁外侧向内数第二龛为景明四年（503）铭比丘法生龛。

图1　龙门石窟古阳洞左壁比丘慧成龛覆肩袒右式佛衣

上衣搭肘式佛衣。上衣自身后通覆两肩，右衣角自腹前横过搭左肘；中衣与上衣披覆形式相似。胸部可见僧祇支。这种样式的佛衣分布在洞窟正壁的如古阳洞、莲花洞、来思九洞、党屈蜀洞等；分布在洞窟侧壁的如宾阳中洞、皇甫公窟、弥勒北一洞、地花洞等；洞窟正、侧壁均有分布的如慈香洞、弥勒北二洞、六狮洞、天统洞、路洞等（图2）。

古阳洞正壁　　　宾阳中洞右壁　　　路洞正壁

图2　龙门石窟上衣搭肘式佛衣（着色表示中衣）

上衣重层式佛衣。在上衣搭肘式佛衣的外面又增加一层衣，可能是重层的上衣，这层衣覆右肩和左右腿，在右腿部多呈瓣状装饰，右衣角自右腋下方绕过搭左肘。胸部可见僧祇支。佛衣底端可见前身的上衣、中衣和下衣三层结构，也表现出后身的下衣和中衣结构。主要分布在洞窟正壁，如宾阳中洞、普泰洞、魏字洞、皇甫公窟、地花洞、弥勒北一洞等（图3）。

宾阳中洞正壁　　　普泰洞正壁　　　魏字洞正壁　　　皇甫公窟正壁

图3　龙门石窟上衣重层式佛衣（着色表示重层上衣）

第一阶段,孝文、宣武时期(494—515),以上衣搭肘式佛衣为主,位于正壁,少量覆肩袒右式佛衣。主要有古阳洞和莲花洞两个洞窟。

第二阶段,胡太后时期(516—528),上衣重层式和上衣搭肘式两种佛衣并行发展,尤以上衣重层式佛衣为主,一般位于正壁,上衣搭肘式佛衣则多位于侧壁的位置。主要有宾阳中洞、慈香洞、普泰洞、魏字洞、皇甫公窟、地花洞、弥勒洞北一洞、弥勒洞北二洞、六狮洞、来思九洞十个洞窟。其中宾阳中洞约正始二年(505)起工,属于第一阶段[8],但宾阳洞开凿延续时间较长[9],上衣重层式佛衣出现且位于正壁,据此,将宾阳中洞佛衣纳入第二阶段较为合适。

第三阶段,孝明以后(528—534),上衣搭肘式佛衣又成为主要流行的样式。主要有路洞、党屈蜀洞和天统洞三个洞窟。

(二)龙门石窟唐代佛衣样式

龙门石窟唐代佛衣主要有中衣搭肘式、通肩式和袒右式[10]三种样式。

中衣搭肘式。中衣自身后通覆两肩,右衣角垂搭右肘,左侧被外层的上衣遮覆,不得而见。上衣自身后通覆两肩或仅左肩,右衣角自右腋下绕过腹前搭左肩或以钩纽[11]相系,个别搭左肘,右侧中衣露出。胸部可见僧祇支。如药方洞、宾阳南洞、宾阳北洞、潜溪寺、赵客师洞、敬善寺、双窑北洞、双窑南洞、清明寺、惠简洞、万佛洞、龙华寺、摩崖三佛龛等(图4)。

宾阳南洞正壁

潜溪寺正壁

摩崖三佛龛中间

图4 龙门石窟中衣搭肘式佛衣(着色表示中衣)

通肩式。上衣自身后通覆两肩,右衣角自颈下绕过搭左肩。如双窑北洞、奉先寺、八作司洞、火下洞、龙华寺、二莲花北洞、二莲花南洞、擂鼓台中洞、高平郡王洞、丝南洞、火顶洞、

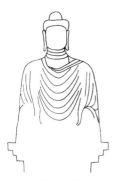
奉先寺正壁

二莲花南洞正壁

极南洞正壁

图5 龙门石窟通肩式佛衣

摩崖三佛龛、极南洞、奉南洞等（图5）。

袒右式。上衣自身后覆左肩，右衣角由右腋下绕过搭左肩，露出右肩。如擂鼓台北洞和高平郡王洞等（图6）。

第一期主要完工于太宗后期（637—649），包括药方洞、宾阳南洞和宾阳北洞三个窟；第二期主要完工于高宗时期（649—683），包括潜溪寺、赵客师洞、敬善寺、双窑北洞、双窑南洞、清明寺、惠简洞、奉先寺和万佛洞九个窟；第三期主要完工于武周时期（684—705），包括八作司、火下洞、龙华寺、二莲花北洞、二莲花南洞、擂鼓台北洞、擂鼓台中洞、高平郡王洞、看经寺、摩崖三佛龛十二个窟；第四期主要完工于中宗、睿宗和玄宗时期（705—714），包括极南洞和奉南洞两个窟。

图6　龙门石窟擂鼓台北洞正壁袒右式佛衣

中衣搭肘式佛衣在第一、二、三期均有出现。第一期包括药方洞、宾阳南洞和宾阳北洞三个洞窟；第二期包括潜溪寺、赵客师洞、敬善寺、双窑北洞、双窑南洞、清明寺、惠简洞和万佛洞等八个洞窟；第三期包括龙华寺和摩崖三佛龛两个洞窟。

通肩式佛衣在第二期开始出现，流行于第三、四。第二期包括双窑北洞和奉先寺两个窟；第三期包括八作司洞、火下洞、龙华寺、二莲花北洞、二莲花南洞、擂鼓台中洞、高平郡王洞、丝南洞、火顶洞、摩崖三佛龛等十个窟。其中，丝南洞和火顶洞以往未置入分期[12]，根据已有研究，可将这两窟置入第三期武周时期；第四期包括极南洞和奉南洞两个窟。

袒右式佛衣只在第三期中少量出现，有擂鼓台北洞和高平郡王洞两个洞窟。

二、龙门石窟北魏佛衣样式的来源及影响

（一）龙门石窟北魏佛衣来源

龙门石窟北魏时期覆肩袒右式和上衣搭肘式佛衣[13]，与云冈的这两种佛衣样式最为相似，两者间应有直接的传承关系。云冈一期及二期，太和改制（486—494）[14]前覆肩袒右式佛衣为主要样式，如第20、8、7窟的佛衣；太和改制（486—494）后及三期流行上衣搭肘式佛衣，如第5、6窟的佛衣。迁洛后的孝文、宣武时期（494—515），龙门石窟继续这两种佛衣样式，覆肩袒右式佛衣短暂出现后，基本消失。上衣搭肘式佛衣则一直在龙门流行，只是到北魏末，佛衣底端变化较大，外侈不甚，趋于直平。（图7）

云冈第20窟正壁

云冈第6窟右壁外侧

四川万佛寺造像

图7　云冈石窟与成都万佛寺佛衣（着色表示中衣）

上衣重层式佛衣见于成都万佛寺梁代造像（图7），尽管龙门石窟与万佛寺的重层上衣不尽相同，但根据成都佛像有可能摹自长江下游建康的推测[15]，似还可进一步认为，龙门石窟的上衣重层式佛衣，可能也与南朝都城建康的影响有关。龙门的重层上衣主要遮覆身体右侧（图3），万佛寺的重层上衣则遮覆身体两侧。

5世纪末，北魏王朝汉化速度逐渐加快，如太和以后北朝文学的复兴，实质上即是仿效南朝文学的文体文风[16]；约在梁武帝中期，南朝造型艺术的新风已及于北魏新都洛阳，胡太后所立皇家大寺永宁寺内塑像，即与萧梁人物形象极为接近[17]。龙门石窟上衣重层式佛衣的盛行或是南朝文化影响加剧的又一个例证。

（二）龙门石窟北魏佛衣的影响

1.上衣重层式佛衣

龙门石窟上衣重层式佛衣的影响，主要在洛阳地区的巩县石窟与鸿庆寺石窟，两处石窟的开凿都集中在第二阶段胡太后时期[18]。

图8-1 巩县第1窟中心柱正壁
（着色表示重层上衣）

巩县石窟位于河南巩县东北7.5公里洛水北岸的大力山南麓，西距汉魏洛阳故城约44公里。上衣重层式佛衣在巩县石窟最为流行（图8-1）。与龙门不同的是，巩县的重层上衣多遮覆身体两侧，覆上身的情况与万佛寺的重层上衣更为接近，但重层上衣在腿部处理成瓣状的形式则与龙门一致，表现出巩县上衣重层式佛衣进一步结合南北而形成的特点。巩县石窟的开凿推测可能与荥阳郑氏有关[19]，其上衣重层式佛衣所表现的特点，反映了功德主身份显赫、尚南朝文化的背景。

渑池鸿庆寺石窟位于今义马市东南8公里，东距汉魏洛阳故城约60公里。鸿庆寺石窟的上衣重层式佛衣（图8-2），其表现形式与龙门石窟一脉相承，重层上衣覆右肩和腿部，在右腿部有呈瓣状的装饰。这表明龙门石窟与鸿庆寺石窟之间有直接影响关系。

图8-2 鸿庆寺第3窟左壁

2.上衣搭肘式佛衣

上衣搭肘式佛衣在西部地区北朝石窟中流行[20]，如麦积山、炳灵寺及须弥山等石窟。北魏时期的佛衣，受到龙门石窟直接或间接的影响。龙门一度居于主要位置的上衣重层式佛衣，并未对洛阳以外的其他石窟产生广泛影响，但麦积山石窟的上衣搭肘式佛衣（图8-3），在右腿部表现出上衣重层式佛衣右腿部的瓣状装饰，佛衣底端可见前身的上衣、中衣和下衣三层结构，也表现出后身的下衣结构或下衣与中衣结构。这表明其与龙门石窟的关系极为密切。

图8-3 麦积山第92窟正壁

534年北魏灭亡，东西魏分裂形成对峙局面，北朝的统治中心分别转移到了邺城和长安。上衣搭肘式佛衣继续出现，如麦积山西魏时期、莫高窟北周时期的佛衣（图8-4、图8-5）。东魏北齐另一个政治文化中心在晋阳（今太原）[21]，东魏实权者高欢于晋阳建大丞相府，遥控朝政，又曾在天龙山建避暑宫[22]，上衣搭肘式佛衣亦在太原天龙山石窟东魏时期流行[23]（图8-6）。

图8-4　麦积山第44窟正壁柱正壁　　图8-5　莫高窟第428窟中心柱正壁　　图8-6　天龙山第3窟右壁

上衣搭肘式佛衣北朝自平城兴盛,至洛阳赓续,并经文化中心影响北朝各地,显示出极强的本土化适应性。

三、龙门石窟唐代佛衣来源及影响

龙门石窟唐代流行的中衣搭肘式和通肩式佛衣,可追溯到北朝后期的响堂山石窟[24],但其披覆特点的形成以及袒右式佛衣的出现,当与长安地区有密切关系。

长安地区自隋文帝提倡佛教以来,名僧大集。贞观十九年（645）玄奘法师自西域至京城,于佛教势力的发展功效至大[25]。长安地区的佛衣实例,如约完工于隋仁寿二年（602）属隋仁寿宫寺院的麟游慈善寺第1窟[26]、开凿于贞观二年（628）的彬县大佛寺大佛洞[27],正壁主尊着中衣搭肘式佛衣;完工年代不晚于唐高宗永徽四年（653）的麟游慈善寺第2窟右壁大龛[28],龛内大像着通肩式佛衣;完工于长安三年（703）由武则天所立的长安光宅寺七宝台,残存石雕佛像多见袒右式佛衣[29]（图9）。

龙门石窟的经营始于太宗（627—649）后期,多有皇室参与,如宾阳南洞右壁豫章公主造像题记,以及洞外记述魏王李泰为生母文德皇后造像一事的《伊阙佛龛之碑》,大卢舍那像龛系"大唐高宗天皇大帝之所建也""皇后武氏助脂粉钱二万贯",并由来自长安寺院的高僧主持开凿[30]。

汇集于两京地区的中衣搭肘式、通肩式和袒右式三种佛衣,成为范式,广泛影响全国各地。如,须弥山石窟第105窟、莫高窟第283窟、广元石窟千佛崖第806号释迦多宝佛窟造像的中衣搭肘式佛衣;须弥山石窟第54窟、莫高窟第44窟、广元石窟千佛崖第806号释迦多宝佛窟、栖霞山石窟千佛岩区第3窟造像的通肩式佛衣;四川广元石窟第535号莲花洞窟造像的袒右式佛衣（图10）。

慈善寺第1窟正壁中衣搭肘式佛衣　　慈善寺第2窟右壁通肩式佛衣　　七宝台造像袒右式佛衣

图9　长安地区的佛衣（据松原三郎《中国佛教雕刻史论》图版编三,吉川弘文馆,1995年,第661页b摹绘）（着色表示中衣）

四、龙门石窟佛衣的相关问题

（一）关于"褒衣博带"与"裳悬座"

佛衣由三层长方形衣从里向外披覆组成（图10-4）。对于北魏佛衣样式中的上衣搭肘式和上衣重层式佛衣，学界一般以"褒衣博带"或"裳悬座"这两个文化术语命名。

"褒衣博带"用于指称佛衣约出现于20世纪50年代，最初主要描述云冈第6窟的上衣搭肘式佛衣[31]；此后使用范围逐渐扩大到形容南北朝时期同类样式的佛衣[32]。"褒衣博带"原是古典文献描述汉族士人服装宽大的用语，如《汉书》卷七一《隽不疑传》曰：

> （隽不疑）进退必以礼，名闻州郡……冠进贤冠，带櫑具剑，佩环玦，褒衣博带。[33]

又如《颜氏家训·涉务篇》曰：

> 梁世士大夫皆尚褒衣博带，大冠高履，出则车舆，入则扶侍，郊郭之内无乘马者。[34]

宋代陈祥道《礼书》中有关于这种士大夫服饰的制作图式如深衣图[35]（图11-2），表现出裁剪缝合的工艺。大量的考古材料已充分证明了汉地服装的裁剪特征，特别是1982年湖北省江陵县马山一号战国中晚期楚墓中所出14件棉袍、单衣和裙的实物，更为具体形象地示范了汉地传统衣式的特点，推测墓主地位较高。以小菱形纹锦面棉袍（编号N15）为例，袍上衣正裁，正身两片，双袖各三片，共八片，下裳也是正裁，共六片（图11-3）。棉袍和单衣均为交领右衽，上衣与下裳联为一体，裁制时将整幅的绣面剪开，每片大致照顾到刺绣图案的主题不被破坏，缝合后浑然一体、精工华美[36]（图11-4）。

这种裁制缝合的服装，与佛衣的

须弥山第105窟中心柱壁

莫高窟第283窟正壁

须弥山第54窟正壁

栖霞山第3窟正壁

广元千佛崖第535窟右壁

图10　唐代龙门石窟以外的佛衣

图11-1　犍陀罗佛像

（采自栗田功《ガンダーラ美術》Ⅰ，东京二玄社，1988年，PL.164）

形状和披覆形式，在制作工艺与穿着方式上迥然相异。尽管"褒衣博带"所形容的意境颇与上衣搭肘式和上衣重层式佛衣的外形相仿佛，但"褒衣博带"一词并不能说明佛衣的形状与披覆概念。

"裳悬座"为日人用汉文描述的佛衣名词，其产生于 20 世纪 20 年代末，最初用以形容日本飞鸟时代（538—645）如法隆寺释迦像的着衣[37]，其意"衣端垂悬于座前，称之为裳悬座"[38]；40 年代末以后，"裳悬座"使用范围逐渐扩大到描述上衣搭肘式和上衣重层式的佛衣[39]。

图 11-2 深衣形制（采自栗田功《ガンダーラ美術》Ⅰ，东京二玄社，1988 年，PL.164 2. 深衣形制据《礼书》卷十"深衣"附图绘制）

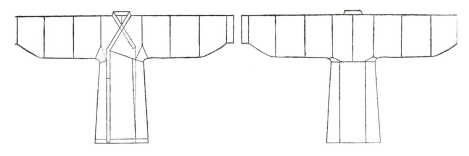

图 11-3 小菱形纹锦面棉袍正、背面（N15）（采自《江陵马山一号楚墓》，文物出版社，1985 年，第 21 页图二三：1.2）

汉文化传统服饰概念中，遮蔽下身称"裳"，亦作"裙"[40]，汉刘熙《释名》卷五《释衣服》曰：

凡服，上曰衣……下曰裳。裳，障也，所以自障蔽也……裙，下裙也，连接裾幅也。[41]

陈祥道《礼书》中形容"深衣之裳，十有二幅"[42]，深衣图式可见前身斜裁成六幅缝合（图 11-2），"十有二幅"系与后身合计数。江陵马山一号楚墓所出的一件单裙（编号 N17-3），展开后似扇形，腰部窄，下摆宽，裙面八片（图 11-5）；上述小菱形纹锦面棉袍（编号 N15）下裳亦正裁分片（图 11-3）。

"裳"的制作工艺同样为裁制缝合，其与佛衣的形状和披覆方式截然不同。即便释"裳"如日人所用"衣端"之意，"裳悬座"的称谓也只能是对上衣搭肘式和上衣重层式佛衣底端轮廓的形容，而无法说明佛衣的形状与披覆概念。

图 11-4 凤鸟花卉纹绣浅黄绢面棉袍（N10）（采自《江陵马山一号楚墓》，文物出版社，1985 年，彩版六：1）

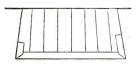

图 11-5 深黄绢单裙（N17-3）（采自《江陵马山一号楚墓》，文物出版社，1985 年，第 23 页图二四：1）

（二）关于法上僧服改制

中衣搭肘式佛衣，北朝后期集中出现在响堂山石窟，很可能与昭玄统法上的僧服改制有关,这一点已得到越来越多研究者的认同[43]。然而法上僧服改制的实质究竟如何? 通过对响堂山石窟中衣搭肘式佛衣样式的梳理,似可做进一步推析。

图 12-1 北山佛湾北宋靖康元年（1126）第 176 窟佛衣

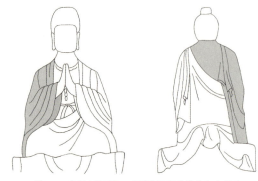

图 12-2 宝顶大佛湾第 29 圆觉洞圆雕跪菩萨衣正、背面

法上历任魏齐两代昭玄统师,天保年间升任大统,深得东魏、北齐皇室尊崇。《续高僧传》记载:

（法上）魏齐二代历为统师……自上未任已前,仪服通混,一知纲统,制样别行,使夫道俗两异,上有功焉……初,天保（550—559）之中,国置十统,有司闻奏,事须甄异。文宣乃手注状云：上法师可为大统,余为通统。故帝之待遇,事之如佛,凡所吐言,无不承用。[44]

唐代义净《南海寄归内法传》卷二《着衣法式》曰:

若对尊容,事须齐整,以衣右角宽搭左肩,垂之背后,勿安肘上。[45]

"搭肩"的披覆方式是印度僧人着衣的正统,佛衣一如僧衣[46]。响堂山石窟的中衣搭肘式佛衣,外层上衣的披覆方式,一种以右衣角搭左肘,可能为"仪服通混"的情况；另一种以右衣角搭左肩,可能即是法上"制样"的要旨,将外层的上衣披覆方式恢复为印度的搭肩传统。

中衣搭肘式佛衣,宋代以后也为菩萨所披覆,成为流行的佛衣与菩萨衣,如宋代大足石窟及明代北京法海寺壁画中的佛衣与菩萨衣（图 12-1、图 12-2、图 12-3、图 12-4）,其展现了中华文化与印度文化融合贯通形成的强大生命力。

图 12-3 法海寺大雄宝殿西壁上方五佛像（《法海寺壁画》,中国文联出版社,2004 年,图 34）

※ 本文收集资料期间承蒙龙门石窟研究院热诚帮助，谨致谢忱！
※ 本文为"国家社科基金·中国历史研究院重大研究专项（"兰台学术计划"）·重大历史问题研究专题" 委托项目（20@WTZ010）阶段性成果。

图12-4 法海寺大雄宝殿西壁上方右侧四菩萨右端菩萨像
（《法海寺壁画》,中国文联出版社,2004年,图31）

[注]

[1] 龙门石窟研究所、中央美术学院美术史系编:《龙门石窟窟龛编号图册》,人民美术出版社,1994年,西山立面图1-东山立面图10。

[2] 宿白:《洛阳地区北朝石窟的初步考察》,龙门文物保管所、北京大学考古系编著《中国石窟·龙门石窟(一)》,文物出版社,1991年。收录于宿白《中国石窟寺研究》,文物出版社,1996年,第153-159页。

[3] 龙门文物保管所编:《龙门石窟》,文物出版社,1980年,第4页。

[4] 温玉成:《龙门唐窟排年》,龙门文物保管所、北京大学考古系编著《中国石窟·龙门石窟(二)》,文物出版社,1992年,第172页。

[5] 分期参见李崇峰:《龙门石窟唐代窟龛分期试论——以大型窟龛为例》,《石窟寺研究(第四辑)》,文物出版社,2013年,第58-150页。相关内容还可见丁明夷:《龙门石窟唐代造像的分期与类型》,《考古学报》1979年第4期。曾布川宽:《龙门石窟における唐代造像の研究》,《东方学报》第60册,京都大学人文科学研究所,1988年,第199-397页;颜娟英汉译本见《艺术学》第7期(1992年),第163-266页,第8期(1992),第99-163页。阎文儒、常青:《龙门石窟研究》,书目文献出版社,1995年,第1-10页。温玉成:《龙门唐窟排年》,龙门文物保管所、北京大学考古系编著《中国石窟·龙门石窟(二)》,文物出版社,1992年,第172-216页。

[6] (唐)慧琳《一切经音义》卷四一《六波罗蜜多经》云:"本制此衣,恐污三衣,先以此衣掩右腋交络于左肩上,然后披着三衣。"高楠顺次郎、渡边海旭:《大正新修大藏经》,大正一切经刊行会,1924—1932年,卷五四,第581页下栏。以下所引《大正新修大藏经》,简称《大正藏》,皆据此版本。

[7] 参见陈悦新:《5—8世纪汉地佛像着衣法式》,社会科学文献出版社,2014年,第26-33页。

[8] 宿白:《洛阳地区北朝石窟的初步考察》,龙门文物保管所、北京大学考古系编著《中国石窟·龙门石窟(一)》,文物出版社,1991年。收录于宿白《中国石窟寺研究》,文物出版社,1996年,第155页。

[9]《魏书·释老志》:"景明初(500),世宗诏大长秋卿白整准代京灵岩寺石窟,于洛阳伊阙山,为高祖、文昭皇太后营石窟二所。初建之始,窟顶去地三百一十尺。至正始二年中(505),始出斩山二十三丈。至大长秋卿王质,谓斩山太高,费功难就,奏求下移就平,去地一百尺,南北一百四十尺。永平中(509—510),中尹刘腾奏为世宗复造石窟一,凡为三所。从景明元年(500)至正光四年(523)六月以前,用功八十万二千三百六十六。"《魏书》卷一一四,中华书局,1974年,第3043页。

[10] 龙门石窟优填王造像约有100躯,风格统一,均披覆袒右式佛衣,集中在唐高宗时期,其中最早纪年者为韩氏洞北侧永徽六年(655)像,最晚纪年为万佛洞左、右壁中央调露二年(680)像,因多为小龛造像,故不在本文分析之内。参见温玉成:《龙门唐窟排年》,龙门文物保管所、北京大学考古系编著《中国石窟·龙门石窟(二)》,文物出版社,1992年,第184-185、193页。

[11] 佛衣有的在肩部安钩纽以起固定作用。参见(后秦)佛陀耶舍、竺佛念译《四分律》卷四〇《衣揵度》:"患风吹割截衣堕肩,诸比丘白佛,佛言:听肩头安钩纽。"《大正藏》卷二二,第855页下栏。

[12] 李崇峰:《龙门石窟唐代窟龛分期试论——以大型窟龛为例》一文,未对这两个洞窟予以分期,但根据该文的类型分析,可将此二窟置入第三期武周时期。温玉成《龙门唐窟排年》一文将丝南洞置于武周时期,参见龙门文物保管所、北京大学考古系编著《中国石窟·龙门石窟(二)》,文物出版社,1992年,第197页。

[13] 覆肩袒右式佛衣最早见于十六国后期北凉石塔上,如缘禾四年(435)索阿后塔上的佛衣。上衣搭肘式佛衣最早见于茂汶南齐永明元年(483)造像碑上。

[14] 云冈石窟分为三期:第一期(460—470)为昙曜主持开凿的五座窟,即位于石窟群中部西侧的第16—20窟;第二期(471—494)窟室主要开凿在石窟群中部东侧,有第7、8窟,第9、10双窟,第1、2双窟,第11—13组窟和第5、6双窟,还有第3窟等;第三期(494—524)多中小型窟室,主要集中在第20窟以西崖面,此外,许多第一期、第二期开凿的窟室内、窟口两侧和窟外崖面也多有第三期补凿的小窟龛。参见宿白:《平城实力的集聚和"云冈模式"的形成与发展》,龙门文物保管所、北京大学考古系编著《中国石窟·云冈石窟(一)》,文物出版社,1991年。收录于宿白《中国石窟寺研究》,文物出版社,1996年,第114-144页。

[15] 宿白:《4至6世纪中国中原北方主要佛像造型的几次变化》,香港文化博物馆《走向盛唐——文化交流与融合》,2005年,第28-32页。

[16] 唐长孺:《论南朝文学的北传》,《唐长孺社会文化史论丛》,武汉大学出版社,2001年,第205-211页。

[17] 宿白:《北朝造型艺术中人物形象的变化》,《中国古佛雕——哲敬堂珍藏选辑》,台北艺术家杂志社,1989年。收录于宿白《中国石窟寺研究》,文物出版社,1996年,第351页。

[18] 宿白:《洛阳地区北朝石窟的初步考察》,龙门文物保管所、北京大学考古系编著《中国石窟·龙门石窟(一)》,文物出版社,1991年。收录于宿白《中国石窟寺研究》,文物出版社,1996年,第153-166页。

[19] 宿白:《洛阳地区北朝石窟的初步考察》,龙门文物保管所、北京大学考古系编著《中国石窟·龙门石窟(一)》,文物出版社,1991年。收录于宿白《中国石窟寺研究》,文物出版社,1996年,第154、159-164页。

[20] 陈悦新:《5—8世纪汉地佛像着衣法式》,社会科学文献出版社,2014年,第195-237、244-275、282-287页。

[21]《北史》卷六《齐本纪》:"神武以晋阳四塞,乃建大丞相府而定居焉……自是军国政务,皆归相府。"中华书局,1974年,第217、224页。

[22] 天龙山圣寿寺现存五代北汉广运二年（975）尚书左仆射李恽撰《千佛楼碑》记载此事。李裕群：《北朝晚期石窟寺研究》，文物出版社，2003年，第84页注53。

[23] 分期参见李裕群：《北朝晚期石窟寺研究》，文物出版社，2003年，第57-86页。天龙山东魏时期第2,3窟中，三壁均上衣搭肘式佛衣，但正壁佛衣似栖霞山石窟南朝的上衣搭肘式佛衣类型，其上衣搭肘，中衣露胸通肩，而北壁的上衣搭肘式佛衣，中衣多与上衣披覆形式一致。南朝佛衣类型参看陈悦新：《栖霞山石窟南朝佛衣类型》，《华夏考古》2010年第2期。

[24] 陈悦新：《5—8世纪汉地佛像着衣法式》，社会科学文献出版社，2014年，第170-181页。

[25] 汤用彤：《隋唐佛教史稿》，中华书局，1982年，第7-22页。

[26] 张燕等：《慈善寺、麟溪桥窟龛造像的分期与编年》，西北大学考古专业等编著《慈善寺与麟溪桥》，科学出版社，2002年，第98-99页。

[27] 常青：《彬县大佛寺造像艺术》，现代出版社，1998年，第42-48页。

[28] 张燕等：《慈善寺、麟溪桥窟龛造像的分期与编年》，西北大学考古专业等编著《慈善寺与麟溪桥》，科学出版社，2002年，第99-100页。

[29] 严娟英：《武则天与唐长安七宝台石雕佛相》，《艺术学》第1期，艺术家出版社，1987年，第54页及图24,图25,图26,图28,图33,图34等。这种佛像似特指释迦牟尼降魔成道的菩提瑞像，参见肥田路美著,李静杰译：《唐代菩提伽耶金刚座真容像的流布》，《敦煌研究》2006年第4期。罗世平：《广元千佛崖菩提瑞像考》，《故宫学术季刊》1991年第2期。李玉珉：《试论唐代降魔成道式装饰佛》，《故宫学术季刊》2006年第3期。

[30] 刘景龙、李玉昆主编：《龙门石窟碑刻题记汇录》，中国大百科全书出版社，1998年，第37,19-21,379-380页。

[31] 阎文儒：《石窟寺艺术》，中国科学院考古研究所编《考古学基础》，科学出版社，1958年，第196-197页。

[32] 如《中国石窟·云冈石窟（二）》"图版说明"描述第13窟南壁第3层七立佛"着褒衣博带佛装，下摆外张"，文物出版社，1994年，第251页。《中国石窟·龙门石窟（一）》的《龙门石窟北朝主要洞窟总叙》描述宾阳中洞主像："外披褒衣博带袈裟，襟搭左肘上"，文物出版社，1991年，第265页。《中国石窟·敦煌莫高窟（一）》"图版说明"描述第428窟主尊"服装为褒衣博带"，文物出版社，1982年，第218页。

[33] 《汉书》，中华书局，1962年，第3035页；颜师古注"褒衣博带"："褒，大裾也。言着褒大之衣，广博之带之。"第3036页。

[34] 王利器：《颜氏家训集解》，中华书局，1996年，第322页。

[35] 深衣主要为士以上阶层专用，是一种上下相连的服装。《纂图互注礼记》卷十八《深衣》"先王贵之（深衣），故可以为文，可以为武，可以摈相，可以治军旅，完且弗费。"郑玄注：名曰深衣者，谓连衣裳。《礼记》对深衣形制、用途、意义等记注较详，《四部丛刊》初编本景印宋刊本。陈祥道《礼书》卷十的记载与之相似，宋刻元明递修本。

[36] 湖北省荆州地区博物馆：《江陵马山一号楚墓》，文物出版社，1985年，第1-28,94-102页。

[37] 源丰宗：《飞鸟时代的雕刻》，《佛教美术》（第十三册），奈良佛教美术社，1929年，第95页。

[38] 源丰宗：《日本美术史》，东京国史讲座刊行会，1933年，第50页注6。

[39] 小山一雄考论"裳悬座"完成于云冈，流行于龙门，后经朝鲜传至日本。小山一雄：《裳悬座考》，《佛教艺术》5号，大阪每日新闻社，1949年。收录于《中国佛教美术史的研究》，东京新树社，1980年，第164-171页。田泽坦曾以"裳悬"描述法隆寺金堂释迦像，龙门宾阳洞、魏字洞及天龙山第2,3窟等主尊特点《法隆寺金堂释迦三尊像》，东京岩波书店刊，1949年，第5-7页。其后"裳悬座"广泛用于茂县、栖霞山、云冈、龙门、巩县、麦积山、炳灵寺等南北朝造像中。冈田健、石松日奈子：《中国南北朝时代的如来像着衣的研究》，东京美术研究所《美术研究》357号，1993年。

[40] （梁）顾野王《大广益会玉篇》："裳，裳也，亦作裙。"中华书局影印张氏泽存堂本，1987年，第128页下栏。

[41] （汉）刘熙：《释名》，《四部丛刊》初编本景印明嘉靖翻宋本。

[42] （宋）陈祥道：《礼书》卷六，宋刻元明递修本。

[43] 如刘东光：《有关安阳两处石窟的几个问题及补充》，《文物》1991年第8期。李裕群：《北朝晚期石窟寺研究》，文物出版社，2003年，第191,192页；王振国《北齐佛装新样"偏衫"考——试论法上僧服改制的内容及意义》，中山大学艺术史研究中心编《艺术史研究》（第十一辑），2009年，第131-159页。

[44] （唐）道宣：《续高僧传》卷八《法上传》，《大正藏》卷五〇，第485页。

[45] （唐）义净原著,王邦维校注：《南海寄归内法传校注》，中华书局，1995年，第98页。

[46] 陈悦新：《5—8世纪汉地佛像着衣法式》，社会科学文献出版社，2014年，第9,10页。

上海博物馆藏龙门石窟流散雕刻的复位研究

焦建辉
龙门石窟研究院

李柏华
上海博物馆

杨超杰
龙门石窟研究院

摘要：本文首次详细介绍了上海博物馆收藏的五件龙门石窟流散佛教造像，从造像特征、凿离状况、历史资料诸方面进行研究比对，特别是使用三维数字模型模拟复原，追寻并确定它们在龙门石窟的原位，取得突破性进展，有效锁定了龙门石窟这一世界文化遗产被盗文物的下落，并还原石窟文化原始整体的真相与原貌。本次工作使用现代科技手段，利用三维模型、3D 打印等方法，为海内外公私所藏龙门石窟流散雕刻的复位复原、身份确认，开拓了可行且令人信服的技术路径。

关键词：龙门石窟；流散雕刻；数字技术；复位

2000 年被列入世界文化遗产名录的龙门石窟，是中国佛教石窟寺雕刻的典范之一。作为北魏和唐代皇室直接开凿的石窟，其承载着当时社会最高阶层的政教理念、宗教信仰和美学观念，引领着当时社会的思想文化和艺术风尚，反映了石刻匠作工艺及绘画艺术已臻巅峰水平。联合国教科文组织世界遗产委员会认为，"龙门地区的石窟和佛龛，展现了北魏晚期至唐代最具规模和最为优秀的造型艺术，这些佛教艺术作品，代表了中国石刻艺术的最高峰"。

由于龙门石窟佛教雕刻艺术瑰宝真容外泄加毫无设防，19 世纪末 20 世纪初，欧美和日本的鉴赏收藏家，以及雕塑、美术、建筑、考古等领域学者纷至沓来，考察品鉴龙门石窟，从而将其推向了国际学术研究和鉴赏、展览等殿堂；因为文物存在巨大利益互换性，由此也产生了盗凿、贩运、交易的产业链。一些海外鉴赏收藏家不择手段实现占有欲和文物贩子追逐高额经济利益的图谋，以及两者相互勾结而形成的盗卖转手，致使龙门石窟在清末民初的动荡年代不断遭受大规模盗凿，很多造像残肢断脚甚至身首异处，残损造像成为常态。尽管 1916 年河南省紧急出台了《保守龙门山石佛规条》，制定了"严禁外人毁坏或窃盗"的禁令[1]，也无力阻止这一人类文化遗产的浩劫。

时至今日，龙门石窟大量流失造像不知所迹；相应为憾的是，已知的近百件海内外博物馆、美术馆或私人鉴赏家收藏，虽可判为龙门流散造像，但多数亦原位不详。

龙门石窟流散雕刻的追寻工作与复位研究任重而道远。

欣慰的是，新兴的三维数字技术，使远隔海天的流散雕刻与石窟壁面残迹的"身首合璧"成为可能。在流散雕刻与壁面残迹复位研究的基础上，通过采集三维数据、建立三维模型、进行虚拟拼接，可实现虚拟复原；通过3D打印，可以直观展现龙门石窟被盗凿窟龛的历史原貌，为造像的准确复位提供必要条件。

一、工作缘起

上海博物馆收藏的佛教造像中，有五件石刻据其特征被判定为龙门石窟的佛教造像，包括北魏交脚弥勒菩萨造像两件、唐代佛头像一件、神王头像一件、菩萨立像一件，这五件造像都是上海博物馆中国古代雕塑馆的重要展品。长期以来，上海博物馆各个时期的佛教艺术研究专家如李鸿业、马承源及后来的黄仁波与季崇建等，都认定这五件造像源自龙门石窟。

由于时代的因素和条件的限制，对馆藏文物做寻根溯源实属奢侈愿望，所以这五件造像在龙门石窟的具体窟龛及在窟龛内的位置，一直未能考证。

2019年5月29日，龙门石窟研究院杨超杰研究员、焦建辉副研究员到上海博物馆参观考察，应上海博物馆中国古代雕塑馆负责人李柏华研究员所约，三人一起参观中国古代雕塑馆。在龙门石窟唐代佛头像与神王头像陈列现场，李柏华请杨超杰、焦建辉鉴定上海博物馆对这两件造像源自龙门石窟的判断是否正确。杨、焦两位仔细观察后认为，这两件造像属龙门石窟无疑，且从其造像内容和造型特征可明确给出其所在窟龛范围。经协商，三人拟共同合作，对此两件造像进行复位研究，同时亦对馆藏两件北魏交脚菩萨像、一件唐代菩萨立像进行探讨，这为维护龙门石窟世界文化遗产的原真性与完整性迈出了历史性的第一步。

图1　藏品号18343 交脚弥勒菩萨

而后，李柏华在上海博物馆信息中心副主任龚玉武安排下，由态渡（上海）文化科技有限公司在上海博物馆对龙门石窟的唐代佛头像与神王头像，以及两件北魏交脚菩萨像完成了3D扫描；态渡（上海）文化科技有限公司还在我们比对研究时，帮助进行了虚拟复位和复原。

遗憾的是，受某些因素及疫情的影响，唐代菩萨立像的3D扫描至今未能进行。

二、造像与复位情况

上文所提五件造像分别是：

1. 藏品号18343、18344 北魏交脚菩萨像两件

两件藏品如图1、图2所示，1956年7月12日自北京振寰阁各以时价70元收购。藏品号18343菩萨像高28.6厘米、宽23.3厘米；藏品号18344菩萨像连带其下龛楣残片高35.6厘米、宽

图2　藏品号18344 交脚弥勒菩萨

27.8厘米。这两尊菩萨像造型特征一致、体量大小接近。头戴高宝冠，冠正面的圆拱形牌饰内刻一禅定坐佛，牌饰上雕出仰月，发际线呈左右对称的连弧形，面庞窄长清瘦，自额至双颊处渐窄，双眼细小作瞑目俯视状，下颔正中隐现凹窝，颈佩项饰，上身袒，下着裙，腰间束带，宽带状披帛于身前呈"X"形交叉，左臂伸出，手抚狮头，右臂屈肘，舒掌当胸，交脚而坐，右腿在外，双足竖起，指尖触地，双膝外对称雕出仰望菩萨的蹲狮，身体表现出当胸的正面，双腿直立撑地，当胸鬃毛直垂，中间起脊，腿、鬃处作"M"形。

图3 藏品号18343、18344交脚弥勒菩萨虚拟复原图

这两尊交脚菩萨和两侧蹲狮具有龙门北魏宣武帝时期造像的典型特征，而龙门石窟这一时期的造像，集中分布在古阳洞诸壁上部及窟顶壁面，因而推测其原位应在这一区域。古阳洞内交脚菩萨遭盗凿者为数极多，但此两尊交脚弥勒菩萨从头至足通体被盗凿且连带双足间岩片及两侧蹲狮大部，与之相应的残迹仅D99、D116、D142、D143与N13龛五例，其中D99龛菩萨残迹高70厘米，N13龛菩萨残迹高60厘米，

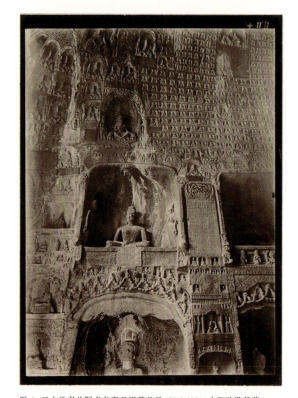

图4 日本学者关野贞考察所摄藏品号18343、18344交脚弥勒菩萨（左上角）历史照片

与上海博物馆藏两件交脚菩萨像相去甚远，D116残迹高38厘米，也与两者存在较大差距。残迹高度与上海博物馆藏两件交脚菩萨像高度接近者仅D142、D143龛两例。此外，S38、S39龛中央交脚菩萨像残迹高度分别为27厘米、30厘米，虽与上海博物馆藏两件交脚菩萨像接近，但双足间有托足力士，这一特征为上海博物馆藏交脚菩萨像所不具，俱可排除。

值得注意的是，藏品号18344菩萨像下方一龛的龛楣上沿及楣内小部藤蔓和叶片被连带凿下，为辨识其原位提供了极大便利。经核查，藏品号18344菩萨像与古阳洞窟顶近窟口处北魏景明三年（502）郑长猷造像组龛中层内侧龛即D143龛内主尊残迹状况吻合，该龛内造像残迹高 33 厘米，连带其下龛楣小部岩片，正与藏品号 18344 菩萨像高度一致，经虚拟拼接契合无间，由此确定藏品号 18344 菩萨像即古阳洞窟顶 D143 龛遭盗凿主尊。

藏品号 18343 菩萨像体表残存的红色颜料及水蚀痕迹与紧邻的 D142 龛内壁现状一致，应为该龛主尊。从日本学者摄影资料及残迹现状看，D142 龛主尊与 D143 龛主尊高度基本一致，应在 32 厘米左右，但上海博物馆藏像高度为 28.6 厘米，存在 3 厘米左右的高差，或为分块凿取后粘接复原所致。（图 3）

法国学者沙畹于 1907 年考察龙门石窟时拍摄的古阳洞南壁照片[2]及日本学者关野贞于 1906、1918 年考察龙门石窟时拍摄的古阳洞南壁照片[3]显示，当时 D142、D143 龛主尊尚存，其盗凿时间当在关野贞考察之后。（图 4）这两尊左右紧邻的交脚弥勒菩萨像惨遭盗凿后同在一处、同日收购、同时辨识，其机缘之巧合殊为难得。

2. 藏品号 19564 唐代天王头像

藏品号 19564 天王头像高 60 厘米、宽 40 厘米、重 97 千克。1956 年 11 月 1 日以时价 350 元购自北京振寰阁。该天王头像系高浮雕，体量巨大，表情威严狰狞。头发理作多股，左右对称遍覆头顶，于顶上绾作双股高髻，高髻脱离壁面形成圆雕形式，髻、额间发缕表面横束一线将其分作上下两层，束线当面正中附一圆形花饰；广额方颐，撩眉粗大，眉间紧蹙拧作"几"形，眼窝凹陷，眼球高突，上眼睑作多段连弧形，瞪目俯瞰，眼角刻出鱼尾纹；鼻梁粗大呈指节状，鼻翼适中，两侧的法令纹明显，作折角明显的连弧形，其上的颧骨处肌肉高凸；上唇前凸，人中凹陷明显，嘴角向外翻翘，有獠牙上出之感，两颊及下颌处饱满；耳较窄小，左耳被凿除不存，右耳完整且保留经精细加工与壁面过渡衔接的后脑局部。雕刻表面残留多处淡褚色颜料。（图 5-1、图 5-2、图 5-3）

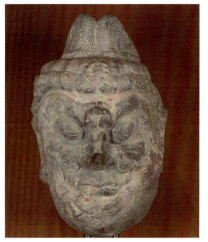

图 5-1 藏品号 19564 天王头像正面

图 5-2 藏品号 19564 天王头像右侧面

图 5-3 藏品号 19564 天王头像左侧面

该天王头像具有唐高宗后期至玄宗时期造像特征，其体量巨大，当属龙门东西两山唐高宗后期至玄宗时期大型洞窟。这一时期的大型洞窟有西山第 543 窟（万佛洞）、第 1282 窟（奉南洞）、第 1720 窟、第 1931 窟（龙华寺）、第 1628 窟（八作司洞）、第 1955 窟（极南洞）和东山第 2211、2214 窟（二莲花洞南洞）。经现场核查，第 1282 窟、第 1720 窟、第 1931 窟、第 1628 窟、第 1955 窟和东山第 2211、2214 窟（二莲花洞南洞）内的天王造像为 2 米之内的等身大小，身躯修长，通过测量壁面残迹可知，其头部高度及面阔难及此像的 60 厘米、40 厘米，且有未完工及历史照片与该尊头像不一致者，俱可排除。第 543 窟（万佛洞）窟门外金刚力士的高度、体态、头部大小及

图 6-1 藏品号 19564 天王头像与第 543 窟外南侧金刚力士头像对比

图 6-2 藏品号 19564 天王头像与第 543 窟内南侧天王头像对比

面部特征与藏品号 19564 天王头像一致[4]（图 6-1）。1923 年日本摄影师岩田秀则考察龙门石窟时曾拍摄该窟南壁照片，幸有前壁南侧的天王图像[5]，经放大辨识可知，南侧天王头部扭向右侧，面部特征与藏品号 19564 天王头像一致（图 6-2）。第 543 窟内南侧天王头像高度超过 230 厘米且身躯宽阔，从残迹可知头高 60 厘米、面阔不小于 40 厘米，体量大小与该尊头像相合，且该尊头像左耳被凿除、右耳完整且保留后脑局部这一凿除特征显示该像左脸贴近壁面而右脸与壁面之间有一定距离，即该像头部大幅度扭向左侧，应为与万佛洞前壁窟门南侧天王对称设置的北侧天王的头像，其表面残留的淡褚色颜料正与该天王身体表面一致（图 6-3）。

1923 年日本摄影师岩田秀则考察龙门石窟时曾拍摄该窟南壁照片，显示前壁南侧的天王头部当时尚存，而水野清一、长广敏雄 1936 年考察龙门石窟时所摄照片[6]，显示窟内两天王头部均已不存，故前壁南侧头像的盗凿当在 1936 年之前。

图 6-3 藏品号 19564 天王头像与第 543 窟内南侧天王身躯虚拟复原

第 543 窟（万佛洞）是具有明确纪年的唐代大型洞窟，根据窟顶莲花外围题记可知唐高宗永隆元年（680）由大监姚神表、内道场智运禅师主持雕造完成[7]。

3. 藏品号 21820 唐代佛头像

藏品号 21820 佛头像高 40 厘米、宽 30 厘米、重 37.5 千克。1957 年 7 月 17 日以时价 80 元购自北京振寰阁。佛像面庞浑圆，表情沉静，头顶肉髻比例适中，额部后倾，发际线近乎半圆，额头因而低窄，眼部微鼓，双眼窄长作柳叶状，鼻梁尖直，双翼饱满，嘴窄小，上唇微撅，人中刻划明显，面颊饱满，双耳较长，额头中间偏左处有陈旧性剥落（图 7-1、图 7-2）。此像特征与奉先寺壁面诸等身立佛一致，上海博物馆老一代专家学者李鸿业与马承源，早就认定其为奉先寺的佛像，但因缺失的立佛数量众多，未能确认具体位置。

图 7-1 藏品号 21820 佛头像正面

图 7-2 藏品号 21820 佛头像背面

该头像上厚下薄，后部断茬高 35 厘米、宽 22 厘米，横切面近"V"形，其壁面残存部分应呈顺坡状，且断面正中形成近"V"尖棱。循这一思路追寻壁面残迹，奉先寺北壁金刚力士外侧下层圆拱形大龛立佛三尊居中者可与之对应。该尊立佛头部壁面残迹高 36 厘米、宽 22 厘米，与藏品号 21820 佛头像后部断口尺寸基本一致，特别是该像颈部断茬

图 8-1 奉先寺北壁金刚力士外侧下层圆拱形大龛居中立佛头部残迹

图 8-2 奉先寺北壁金刚力士外侧下层圆拱形大龛居中立佛身躯虚拟复原图

下缘线与壁面颈部残迹完全一致,经虚拟拼接契合无间,确定其原位即奉先寺北壁金刚力士外侧下层圆拱形大龛立佛三尊之居中者(图 8-1、图 8-2)。

1916 年、1921 年两次拍摄龙门石窟的日本摄影师山本明所摄奉先寺北壁神王、金刚力士像照片中有该身立佛内侧半身影像,其时头部尚存;1923 年调查龙门石窟的泽村专太郎教授及其随行者摄影师岩田秀则考察龙门石窟时曾拍摄奉先寺北壁照片,其中即有该龛[8],龛内居中立佛头部尚存,显示其遭到盗凿当在 1923 年之后。照片中该佛头像左右发际线不能连接正与藏品号 21820 佛头像额头正中偏左处陈旧性剥落这一特征相合(图 9)。

据《大唐内侍省功德之碑》记载,这些立佛为开元时期以高力士、杨思勖为首的 106

图 9 日本学者泽村专太郎考察龙门石窟的所摄藏品号 21820 佛头像所在龛照片截图

名内侍省宦官为唐玄宗祈福所造"西方无量寿佛一铺一十九事"[9]，与两京地区宫廷大内有直接关系，其雕刻作为蕴含最高统治阶层佛教信仰取向和艺术审美情趣的载体，无疑会引领当时佛教造像的风尚并成为今天我们研究这一时期佛教雕刻的"标型器"。

4. 藏品号 13505 唐代菩萨像

藏品号 13505 菩萨像高 46 厘米、宽 21 厘米、重 4 千克。1948 年日本归还该文物。该菩萨像表情沉静典雅，结构比例完美，雕刻技艺精湛，除右手及帔帛两端外惨遭整体盗凿。上身袒，下着裙，肩宽腰细，头微右倒，上体左倾，胯部右送，体态扭动作"S"形，富有动感。头绾高髻，面相长圆，面庞饱满，细目下视作冥思状，长耳垂肩，颈刻三道，佩桃形项圈，胸部微隆，腹部稍鼓。自左肩至腹右侧斜披络腋，一端自身后经左

图 10　藏品号 13505 菩萨像

腋下伸出，披入当胸络腋内外翻垂下。肩披帔帛，自双肩垂于体侧，左臂垂于体侧，腕佩双股钏，手提自左肩垂下的披帛，右臂屈肘，小臂斜外举，未连带手、腕部。裙腰处翻作蝶形，正中翻垂一尖角，正中裙缘翻折作纵向带状，裙下摆略外张，下缘至脚面，双腿直立，表面各刻"U"形衣纹数道，双足外分，跣足立于仰莲台上，圆台表面莲瓣宽大。（图 10）

该菩萨像具有唐高宗后期至武则天时期造像的特征，我们根据造像的石质条件、体表覆盖面积及造型特征判断，其原位应在龙门西山万佛洞区域。第 543 窟（万佛洞）前室北壁 N8 为圆拱深龛，龛内原立一菩萨，通体遭盗凿（图 11-1）。根据 1909—1915 年间法国学者沙畹考察龙门石窟时所摄照片（图 11-2）显示，龛内菩萨像头部右倾、胯部右送、足踏仰莲，与上海博物馆藏菩萨立像形态一致；经测定，原位残迹面积与被凿造像亦高度

图 11-1　第 543 窟（万佛洞）前室 N8 现状

图 11-2　法国学者沙畹考察龙门石窟时所摄第 543 窟（万佛洞）前室照片中的 N8

契合,故确定藏品号13505菩萨像的原位即N8。

受某些因素及疫情影响,唐代菩萨立像的3D扫描至今未能进行,虽然此像缺乏三维数字模型的支撑,但我们认为这一判断符合实际和原状,相信三维数字信息采集完成后会得到确认。

1907年法国学者沙畹考察龙门石窟时所摄第543窟(万佛洞)前室照片显示,当时该龛内立菩萨尚存[10]。1923年岩田秀则所摄第543窟(万佛洞)前室照片中依稀可辨该像仍在[11],其遭盗凿当在1923年之后。

三、工作意义及展望

上海博物馆所藏龙门石窟造像的复位研究,具有重要的学术意义。

藏品号18343、18344交脚弥勒菩萨像所属的古阳洞窟顶D142、D143龛,系景明二年(501)太守护军长史云阳伯郑长猷为亡父母、亡儿等敬造的弥勒像龛。该龛题记是魏碑体书法的典型代表,属中国书法史上著名的"龙门二十品"之一。龛内造像均遭不同程度的破坏乃至整体盗凿,20世纪初的照片资料虽涉该龛却模糊不清,致使该龛造像原始风貌不详。太和末景明初是中国石窟造像的艺术风格从平城模式向龙门模式转换的起步期,景明二年(501)郑长猷造像龛正是龙门石窟造像摆脱云冈遗风、开创龙门新尚的最早纪年像龛。复位后的完整龛像显示,其特征明显异于面相饱满、斜披络腋、圆形裙口的云冈遗风,初具清秀、飘逸的龙门气韵,是中国石窟造像风格转换期的典型范例和珍贵实物资料,是龙门石窟创新意识的最初见证载体。通过复位研究工作恢复其原真性和完整性,对于探讨中国石窟造像中"龙门模式"的形成具有重要的学术意义。

唐永隆元年(680)的内道场监造万佛洞天王头像和开元六年(718)高力士、杨思勖等内侍省宦官为唐玄宗所造无量寿佛头像,则体现了两京皇宫大内的信仰取向和审美情趣,当时佛教造像艺术形态无疑会笼罩在其表现样式上,因而其是研究龙门与内廷关系的宝贵资料、盛唐社会诸元的重要切入口。

厘清龙门流散文物乃至全国流失海外文物与文物古迹发源地的对应关系,是新时期文物考古工作的一个里程碑,其意义非凡。在尊重目前权属关系的前提下,应当推动海内外公私单位藏家合作启动复位研究及数字化展示。溯源古今,殊途同归;文化无界,人类共享。

上海博物馆藏龙门石窟造像,图像资料虽有刊布,但仅显示正面影像,无法获知背面及断口等处信息,而这些信息正是流失造像与壁面残迹比对的重要依据。所幸此次制作的四件龙门石窟造像的三维数字模型,使全方位考察造像信息成为可能,为比对工作提供了极大便利,显示了三维数字技术在流失文物复位研究工作中的巨大优势。而唐代菩萨立像正因缺少三维数字模型及多角度截图,识别难度较大。虽然在综合分析造像的时代风格、内容形式及大小基础上我们对其位置作了初步判断,但我们更加期待其三维数字模型尽快建立,以利在掌握各侧面多角度雕刻、盗凿信息的基础上,尽快给出完美的结论。

在前述五件龙门石窟流散造像原位基本确定的基础上,建立其残迹的三维数字模型,将造像与残迹进行数字化拼合,予以虚拟复原和展示,从而还原这些珍贵文物的完整性和原真性,这是我国文博业在完成收集、基础性馆藏、分类管理后,对文物管理、鉴定实现 2.0 至 3.0 的升级,即溯源归真,其重要性值得肯定。本次工作所使用的方法,也为海内外公私收藏大量龙门石窟流散雕刻的复位研究、虚拟复原和 3D 打印展示探索出一条可行的技术路径。

[注]

[1] 中国第二历史档案馆编:《中华民国史档案资料汇编(第3辑)》,江苏古籍出版社,1991年,第192-196页。

[2] Edouard Chavannes (沙畹), Mission archéologique dans la Chine septentrionale. Paris: Leroux, Publications de l'Ecole Française d'Extrême-Orient, 1909-1915, Pl.CCL VIII, NO.390.

[3] 常盘大定.关野贞:《支那文化史迹(第二辑)》,京都法藏馆,1939年,图版 II -62。

[4] 水野清一.长广敏雄:《龍門石窟の研究》,东京座右宝刊行会,1941年,图版25。

[5] 山本古写真と關野貞：龍門石窟, http://edo.ioc.u-tokyo.ac.jp/edomin/edomin.cgi/ryumon/index.html。

[6] 水野清一.长广敏雄:《龍門石窟の研究》,东京座右宝刊行会,1941年,图版24。

[7] 刘景龙.杨超杰:《龙门石窟总录(第叁卷)》,中国大百科全书出版社,1999年,"文字著录"第78页。

[8] 山本古写真と關野貞：龍門石窟, http://edo.ioc.u-tokyo.ac.jp/edomin/edomin.cgi/ryumon/index.html。

[9] 刘景龙.杨超杰:《龙门石窟总录(第捌卷)》,中国大百科全书出版社,1999年,"文字著录"第16-18页。

[10] Edouard Chavannes (沙畹), Mission archéologique dans la Chine septentrionale. Paris: Leroux, Publications de l'Ecole Française d'Extrême-Orient, 1909-1915, Pl.CLXXX II, NO.306.

[11] 山本古写真と關野貞：龍門石窟, http://edo.ioc.u-tokyo.ac.jp/edomin/edomin.cgi/ryumon/index.html。

四川广元千佛崖莲花洞考古新发现

雷玉华
西南民族大学民族博物馆

王婷 李凯
四川省文物考古研究院

王剑平
广元市千佛崖石刻艺术博物馆

摘要：以往调查和研究皆认为广元千佛崖莲花洞（535号）开凿于初唐时期。近期开展的配合莲花洞保护工程的考古调查，对其始凿年代有了突破认识，认为现存窟内三壁三龛为后代向后拓展开凿，且地坪有可能经过下降改造，窟正壁大龛主尊脚前大型复瓣覆莲低座为原像莲座；发现窟正壁上方保留了原像的三个头光残迹；窟右壁下方-17号小龛所在突出于现存壁面的岩块是改造痕迹；窟内穹顶上的大莲花被清代彩绘扩大外圈，其浅浮雕莲花与洛阳龙门石窟宾阳洞窟顶莲花如出一辙。因此，可认定千佛崖开凿于北魏时期的洞窟除了226号（三圣堂）和726号（大佛窟）外，还增加了535号（莲花洞）。此次考古调查在窟右壁新发现烟苔覆盖下的两则武周时期题记，对进一步认识现存窟造像开凿时间很有帮助，由此可以更加确认大窟改造为三壁三龛的时代下限为唐武周时期。改造后的莲花洞造像题材除三壁大龛为三佛题材外，还包括了大量小龛中雕造的一佛二菩萨像、单尊菩萨像、单尊地藏像、指日月瑞像等，造像题材和风格都反映了与长安的密切关系。

关键词：广元莲花洞；新发现；北魏；长安元素

千佛崖位于广元市城北10里的嘉陵江东岸山崖上，崖体南北绵延，崖前是滔滔嘉陵江，也是古蜀道金牛道以及著名的栈阁石柜阁所在[1]。佛教石窟和摩崖造像分布在长388米的崖壁上，现存950个龛窟。最高的窟龛距地面45.5米，大小窟龛层叠分布，密如蜂巢，最密集的区域内有14层之多[2]，是四川境内规模最大的石窟及石刻摩崖造像群。现存的造像最早开凿于北魏时期，唐代最多。按开凿先后，此前的考古研究者将其分为五个时期，其中第一期即北魏时期，仅有位于崖壁底层的226号和726号两个洞窟，位于726号北侧（右侧）的莲花洞被划到了第四期前段，即武周前期[3]。2019年12月至2020年7月，我们在配合莲花洞保护工程的考古调查中有了新的发现，改变了对莲花洞年代及相关问题的认识。

一、莲花洞现状

莲花洞编号为535号，位于千佛崖中段下层，紧邻古蜀道边。左侧[4]是北魏时期开凿

图 1　莲花洞全景

的大佛窟（726号），左上方有武周时期开凿的神龙大佛（493号），右侧上方是开凿于唐代的千佛崖的中心洞窟大云古洞（512号）。洞前即是金牛道（老川陕公路所在），汶川地震灾后重建中改成了参观道路。

窟前部及窟口于1935—1936年修建川陕公路时被毁，20世纪80年代用水泥作了修补。现在的莲花洞窟平面呈敞口横长方形，浅圆顶，中部略呈穹隆形，窟内三壁凿倒"凹"字形坛，坛上方三壁各开一个圆拱形大龛。窟高360厘米、宽495厘米、深335厘米，坛高53厘米，正（东）壁大龛高250厘米、宽206厘米、深37厘米。三壁三龛中各雕一佛二菩萨像。窟顶正中浮雕一朵大莲花，双层莲瓣，正中为圆形莲蕊，故名莲花洞，清代施以彩绘并改绘成太极八卦图案。窟顶周围有清代彩绘的缠枝花卉。窟内造像风化毁损较严重，正壁大龛造像风化剥蚀较重，经清代修补后仍然有大面积脱落。左（南）壁大龛左侧壁及下部崩坍，左胁侍菩萨及佛座不存，左侧菩萨残存头光痕迹，佛座经现代修补。右壁（北）大龛右侧壁及右下角崩坍，右胁侍菩萨仅存头光残痕。三壁壁面及坛基正面后代补凿了众多无统一规划的小龛（图1）[5]。

二、莲花洞的既往研究

关于广元石窟的记载可追溯至宋代，但极简单。宋代王象之《舆地纪胜·利州·碑记》有"苏颋〈利州北佛龛前重题〉"，注曰"在佛龛"，记录了与千佛崖石窟相关的遗迹[6]。明代杨慎《全蜀艺文志》卷十四有题作"前人"的诗："利州北佛龛前重于去岁题作：重岩载清美……"[7]又卷五十二《利州碑记》有"苏颋〈利州北佛龛前重题〉"，注曰"在佛龛"[8]。清代记录增多，乾隆二十二年（1757）成书的《广元县志》称："千佛崖……峭壁千刃，逼临大江……先是悬岩架木，作栈而行。唐韦抗凿石为路，并凿千佛，遂成通衢。"提出了千佛崖的开凿始于唐人韦抗，时间在开元三年（715）。清代有许多金石学家以收集碑刻铭文为主,如刘喜海《金石苑》中收录有相关题记十余则;陆增祥《八琼室金石补正》对千佛崖《菩提瑞像颂》题刻中主人公利州刺史毕公的考证,认为题刻中之毕公即为毕重华。这些早期记录千佛崖的著作中都没有莲花洞的信息。19世纪末,一个日本人首次拍摄了千佛崖的照片,大村西崖的《中国美术史·雕塑篇》中使用了他的照片[9]。20世纪初,日本人伊东忠太(1902)、德国学者恩斯特·柏石曼(Ernst Boerschmann)(1908)、法国人色伽兰(Victor Segalen)(1914)等都考察并拍摄了千佛崖的照片[10],从莲花洞所处位置及他们留下的照片看,他们拍摄照片时是看到了莲花洞(535号)、大佛窟(726号)甚至三圣堂(226号)的,但是色伽兰等人断定千佛崖始凿于开元十年(722)。张大千曾于1939、1940、1943年三次游览广元千佛崖,得出"广元千佛岩在开元以前早有开凿"的结论,此时川陕公路已经完成,他所见的龛窟与现在所见无异,所以他很可能是因为看到了三圣堂和大佛窟得出的这个结论[11]。1939年8月,中国营造学社梁思成、刘敦桢等人考察过千佛崖,并拍摄了许多照片。

新中国成立后,史岩发表了《关于广元千佛崖造像的创始时代问题》一文[12],第一次指出千佛崖大佛窟(726号)和三圣堂(226号)开凿于南北朝,属于北朝系统的风格。温廷宽《广元千佛崖简介》[13],支持史岩的观点,并介绍了千佛崖几个比较重要的唐窟。1989年,丁明夷带领一批学生对千佛崖进行了第一次较系统的调查,其成果发表在1990年《文物》第6期上[14]。这组文章对千佛崖石窟的概况、规模、始凿时代、延续时间、窟龛类型、主要题材、早期密教造像等问题进行了研究和介绍。胡文和从20世纪80年代中期开始对四川石窟进行全面的调查,其间调查了广元石窟,成果主要见于1994年四川人民出版社出版的《四川道教佛教石窟艺术》中。2000年夏起,广元市文物管理所和北京大学考古文博学院、成都文物考古研究所合作对千佛崖进行了全面调查,完成了《广元石窟》《广元石窟造像的分期与研究》[15]《广元石窟内容总录·千佛崖卷》(上、下)[16]等学术成果。2014年,龚静秋、王洪燕《广元千佛崖金牛道遗址发掘记》对崖前古金牛道历史作了比较详细的梳理[17]。

图2 正壁大龛前大莲座

图3 正壁弥勒佛脚下的小莲台与前面的大莲台

在前揭研究成果中,《广元石窟》《广元石窟内容总录·千佛崖卷》等为代表的主要学术成果均认为莲花洞开凿于唐代,除了年代之外,极少有涉及莲花洞其他内容。千佛崖现存窟龛被认定为北魏时期的只有226号(三圣堂)和726号(大佛窟)。

三、莲花洞考古再调查

莲花洞现存正壁大龛主尊脚前有一朵大莲花,就像一个大而薄的垫子,实际上是一个复瓣覆莲底座(图2)。此前的学者要么没有注意到,要么以为是正壁大龛主尊弥勒佛的莲座。我们这次调查时发现,倚坐的弥勒佛双脚各踏在一朵小莲台上,两个小莲台置于覆莲低座靠近壁面一侧的边缘,证明此覆莲底座不是这尊弥勒佛的,否则不会将脚放到莲座边缘,如果莲座是此尊弥勒佛的,弥勒佛就要将双腿向前伸直,双脚才够得到莲座中间,显然佛像不会造作成那样的姿势。现存弥勒佛腰以下虽然残损,并经过清代修补,但修补泥皮剥落后,膝部、双手掌露出了黄沙石胎,右脚所踏的小莲台基本保存完好(图3),小莲台的黄沙石质与双膝、双手及窟所在崖壁一致,证明其衣褶在清代修补时虽然有所改变,但像的位置与身体姿势没有被改动过,也就是说其双脚的距离一开始就够不着其前方的大莲花座,这进一步证明了弥勒佛前方的垫子似的低覆莲座不是它的。结合正壁大龛及其前方的低莲座仔细观察,大龛是在莲座之后的壁面上开凿而成。从大莲座的形状看,其上可能原来是一尊靠正壁站立的像,原来正壁的位置就是现存弥勒佛脚踏小莲座中间的位置,现在还可以看到开凿大龛时留下的一条不太清楚的分界线。现存大龛上方壁面上还可以看到原来立像的头光残痕,头光残痕又被后代所开的535-25、535-26、535-27、535-28四个小龛所破坏,但仍然可以看出原来浮雕凸出崖壁的头光痕迹,凸出崖壁的残痕还可以连成桃形样式。在正壁大龛右上方与535-25号龛右下方之间尤其清楚,头光的桃尖位置在535-25与535-26龛之间还可以隐约看到。在正壁大龛上方两侧还可以找到有二胁侍的证据:535-10号龛左侧长方形题记框左下方与正壁大龛右上方之间,有原来右侧胁侍头光痕迹;正壁大龛左上方与535-29号龛右下方之间有左胁侍头光残痕(图4)。由此,可以确定正壁大龛前方的低覆莲座早于大龛开凿,它原来属于一尊立于正壁的造像,且两侧有胁侍像,三尊像都有头光。莲座上虽然不明显,但仍然有可能是原像脚的痕迹。

从正壁原来主尊立像残存的莲座观察,莲台所在位置为原来莲花洞的后壁坛面;参

图4　正壁大龛上方的早期头光残迹

图 5　武周时期坛前小龛

考 726 号的情况,以及现存三壁倒"凹"字形坛宽窄不统一、边缘不整齐的情况,此低莲座所在位置也有可能是原来的地坪,原来的地坪在后来向下开拓了约 53 厘米,形成了现在的地坪和三壁倒凹字形坛。现存的三壁坛前面,后代开满了小龛,从造像组合、龛形、造像形态上看,大多数小龛都有武周时期的特征(图 5)。

窟右壁除了主龛外,在武周时期就已经开满了小龛,武周时期有题记的小龛集中在此壁上方及主龛两侧。壁面下方,主龛左下侧后代开凿的 535-17 号小龛所在岩块却高高凸出于光滑的壁面,与其他小龛不在一个平面上,说明这里很可能原来有一尊高浮雕立像在大窟改造时被破坏了,留下了这块略显粗糙的岩块(图 6)。窟左壁已无痕迹可寻。

莲花洞后壁的莲座像一个薄薄的毯垫,中间是圆形莲蕊,边沿一周莲瓣,这种座在北魏比较多见,早在邺城北魏第一期谭副造像线刻图案中就有[18]。莲花洞的穹顶、大莲花,与北魏晚期皇室开凿的洛阳宾阳洞窟顶莲花如出一辙,不仅窟顶形状相似,莲花的形状、花瓣、浮雕的厚度都很相似。唯不同者,莲花洞的大莲花被清代彩绘后外观形状的观察易受干扰(图 7、图 8)。

再看莲花洞左侧的北魏大窟大佛窟(726 号),此窟横长方形,弧壁穹顶,与莲花洞窟形相似,唯不同者顶上没有大莲花。但此窟三壁各立一尊大像,三尊大像均立于低覆莲座上。此三尊像的大莲座都极低,扁扁的,像垫子一样,与 535 号正壁底部大莲座一样,都是一圈莲蕊,一圈覆莲瓣(图 9)。左右壁二菩萨莲座边缘已看不清莲瓣了,但正壁主尊莲座左侧还有两片莲瓣清晰可见,与 535 号正壁底部大莲座几乎一样。

图 6　莲花洞突出于壁面 535-17 号龛

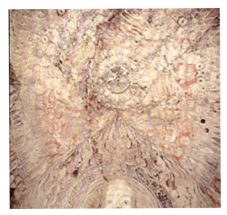
图7 龙门石窟宾阳洞窟顶及莲花

图8 莲花洞窟顶莲花

图9 千佛崖726号主尊的低莲座

由此,我们有理由推测,535号最初开凿于北魏时期,其风格元素与726号一样,来源于北方,且与北魏都城洛阳关系密切。若如此,则226、535、726号为千佛崖现存的三个北魏洞窟。

从外立面上看,535号原地坪略高于其左侧的726号而与726号左右相邻。三个北魏窟中北侧的226号最小,位置稍高于前两者,距离也稍远,为北魏晚期典型的三壁三龛式结构。535号在开凿之初与726号一样都是佛殿窟,两者结构、布局基本相同,只是武周时期被改造成了三壁三龛窟。

四、开凿年代的重新认识

这次调查中,我们发现正壁与右壁大龛都有后代改造遗迹。正壁主尊脚前的大莲花与窟顶大莲花均早于现存三壁三龛大像。三壁大龛都是经武周时期改造的,现在所存的倒凹字形坛可能是原来三壁造像的坛,也可能是将原来地坪下降约53厘米形成,改造年代即原来认定的开窟时间——武周时期。

《广元石窟内容总录·千佛崖卷（下）》等有关资料都将莲花洞的开凿年代确定为初唐。依据是此前洞内最早的有造像题记的小龛535-10号，此龛左侧外壁上有"大周万岁通天□年"（696—697）题记[19]，内容是王行淹"敬造释迦牟尼佛一铺，救苦观世音菩萨一躯"，正壁的535-10号龛应该就是所造"释迦牟尼佛一铺"，右壁的535-6号龛为其所造的救苦观世音菩萨一躯。因此，当时将大窟开凿的时间下限定为武周万岁通天年间。

从窟内现有题记看，535-6、535-10、535-99号都开凿于武周时期。在535-1号龛左侧也发现了一则题记，虽然目前被烟苔覆盖，不能识读，但此则题记字体与535-99号龛相同，且两龛相邻，龛形相同，很可能是同一时期开凿的。

这几个有题记的武周小龛均位于大窟前壁、右壁、右壁与后壁交界处，位置都比较高，靠近右壁和正壁大龛，证明这几龛为大窟三壁大龛开凿之后不久即开凿的小龛。同时，也进一步说明大窟三壁大龛的时代下限是武周时期。

这次发现正壁大龛主尊前的莲花非现存大龛中主尊所有，现存大龛为破坏了此莲花上的大像后重新雕刻的，原来大像的头光还有残留。再对比窟顶大莲花，与洛阳龙门宾阳洞中的大莲花非常相似。因此，推测此窟开凿于北魏后期，武周时期在三壁开了大龛，从右壁残存的一块石块、正壁大龛主尊后移的情况看，开凿三个大龛时底部壁面可能略有后移，或者右壁原来的造像下部没有清理干净，留下了一块岩石，这块岩石高高凸出于现在的窟壁，而且如果右壁原来有像的话，此岩石正好应该是造像所在的位置。后代又在这块高高凸起的岩块上开凿了535-17号龛。

改造之后立即有人在窟内补凿小龛，所以现在可以看到大量后代补凿小龛。虽然只有四个有武周时期题记的小龛，但对比窟内众多小龛，从造像风格上看，全部雕刻于唐代，且大多数有武周时期的风格。特别是三壁坛正面的武周风格小龛，大部分都与大窟改成三壁三龛的年代一致。

现存的倒"凹"字形坛有两种可能：第一种可能是原来（北魏）开窟时即是三壁设坛的形式，武周时在坛正面开了一周小龛。第二种可能是，武周时期将三壁造像改成三壁三龛的同时，将地坪向下降了约53厘米，形成现在看到的倒"凹"字形坛。第二种推测的理由有两点：一是与之同时、同样布局的726号没有"凹"字形坛，三壁造像直接站立在毯垫一样的低莲座上；二是三壁的坛边缘不太整齐，若是原来开凿的坛应该比较齐整，宽窄一致。同时，在千佛崖对岸的皇泽寺也有一批北魏的龛窟在武周时期被改刻，均没有三壁设坛的情况。例如15号中心柱窟，此窟三壁没有坛，改造成三壁三龛窟后，原来的飞天、菩萨裙子下摆等还有比较清楚的残迹，再加上北朝雕刻的中心柱未被改动，因此改动部分极容易辨认。再如45号窟，亦是在武周时期被改成了三壁三龛窟，三壁同样没有坛，但北朝时雕刻的二龙交缠龛楣等时代特征明显的痕迹尚存。这些现象说明，唐代武周时期，广元有一批北朝窟龛被改造了，可作为莲花洞在武周时期被改刻的参考。

五、其他收获

除了大窟始凿年代的重新确定之外，这次调查还有三项收获：一是新发现了30多个后代补凿小龛；二是发现大窟原来有前壁，并在前壁新发现了后代（武周时期）补凿

图 10 莲花洞 535-1 号与 535-99 号龛局部

小龛,且有开龛题记;三是对莲花洞武周时期造像题材的认识。

2000 年调查时确定窟内有 69 个后代开凿小龛;2019 年 12 月进行的维修工作前期调查中又有新发现,增加至 89 个;2020 年 7 月的考古调查中增加至 99 个。其中 535-99 号龛位于窟前壁右上角,圆拱形龛,仅存左上角,龛内造像仅存左侧菩萨上半身,但龛外左侧两身供养人像还保存完整,戴幞头,穿窄袖长袍,身形清瘦,胡跪,是初唐时期典型的人物形象。其旁有竖刻九行造像题记,被烟苔覆盖,可识读"大周……廿……/弟子……过往七代/先亡□□祖□□敬造 释/迦□□一□为亡灵□□/在□九龛□庶得先亡去/兹道□永奉□仪常对王□/俱……画福/……子……/田……"因此,此龛当开凿于武周时期。(图 10)

窟内开凿三壁三龛,这是北方石窟从北魏以来的古老传统。三龛各造一佛,即三佛题材,也是中原地区北朝以来的传统。窟内正壁主尊为弥勒佛,在佛教中弥勒佛是未来佛,说明这造的是三世佛题材,即过去、现在、未来佛。右壁为菩提瑞像,即释迦牟尼降魔成道像,也就是表现的现在佛,那么按过去、现在、未来三世佛的概念,左壁自然应该是过去佛燃灯佛。释迦牟尼像,着袒右袈裟,戴七宝项圈的样式,是唐初去印度的使者王玄策随行画家摹写回国,带到长安,各地再去摹写流传的菩提瑞像,在千佛崖366号窟内的"菩提像铭"中对其在中土的来源、时间及流传说得很清楚,佛教典籍中也有相应记载。而将弥勒佛放在窟内正中位置,与武则天自称弥勒佛、为夺取唐的政权制造舆论的历史背景有关。天授元年(690)"东魏国寺僧法明等撰写《大云经》四卷,表上之,言太后乃弥勒佛下生,当代唐为阎浮提主,制颁于天下"[20]。因此,莲花洞的开凿时间上限当不早于天授元年,开凿原因与龙门石窟摩崖三佛龛相同。

而窟内大量元素反映出此窟与长安造像的密切关系。除前述三大龛造像外,大量的小龛中也可以看到武周前后长安的元素。窟中大量的小龛多集中开凿于这一时期,组合有一佛二菩萨像10多龛,单尊地藏像8龛,指日月瑞像7龛,单身菩萨立像30余龛等。这些小龛中大多数佛像面部丰圆,宽肩,隆胸,收腰,许多佛像不出衣纹。菩萨立像多扭腰站立,裙摆紧、窄,透出双腿轮廓,露出双膝和脚踝。衣裙紧贴身体,不出衣纹,显露出身体的轮廓,这与唐初僧人不断参访印度,并引入笈多时期产生的秣菟罗造像风格有关。

又"天后时,符瑞图谶为上下所好,自后秘密神异之说风行"[21],莲花洞中菩提瑞像、指日月瑞像等题材的流行也应该是这种历史背景下的产物。

参与调查人员:四川省文物考古研究院王婷、李凯,西南民族大学民族博物馆雷玉华,四川大学张亮、李芮,广元市千佛崖石刻艺术博物馆王剑平、舒灵扬、张宁。

(原载《四川文物》2020年第6期)

[注]

[1] 过去我们一直认为千佛崖造像区南端下方栈道为金牛道最险段之一石柜阁所在,此从旧说。近年龚静秋、王洪燕考证认为,石柜阁应该是早期"飞仙阁"至明、清以后的称呼,其地在今广元北沙河镇南华村境内的飞仙关。龚静秋、王洪燕:《广元千佛崖金牛道遗址发掘记》,汉中市博物馆编《中国蜀道学术研讨会论文集》,三秦出版社,2014年,第483-490页。

[2] 此前的资料均说是13层,现在据北京国文琰文化遗产保护中心有限公司提供的扫描全景图观察,应该是14层。

[3] 雷玉华等:《川北佛教石窟和摩崖造像研究》,甘肃教育出版社,2016年,第144-168页。

[4] 文中左右均以窟龛中造像之左右为准。

[5] 2000年调查时确定有69个小龛;2019年12月进行的维修工作前期调查中又有新发现,增加至89个;2020年7月的考古调查中增加至99个;详见后文。

[6] (宋)王象之:《舆地纪胜·利州(第五册)》,中华书局,1992年,第4745.4741页。

[7] (明)杨慎:《全蜀艺文志(上)》,线装书局,2003年,第333页。

[8] (明)杨慎:《全蜀艺文志(下)》,线装书局,2003年,第1604页。

[9] 北京国文琰文化遗产保护中心有限公司:《广元千佛崖摩崖造像壁画数字化勘察设计报告》,2018年10月广元市千佛崖石刻艺术博物馆提供,第18页。

[10] 广元市千佛崖石刻艺术博物馆收集到的老照片有1902.1908.1914.1936.1950.1982.2000年的等,其中从1914年法国人色伽兰拍摄的全景上可以看到,千佛崖外立面上无任何建筑,他还在氏著《中国西部考古记》(冯承钧译,商务印书馆,1955年,第48-52页)中描述了广元千佛崖的情况。

[11] 张大千调查相关资料由广元市千佛崖石刻艺术博物馆王剑平馆长提供。

[12] 史岩:《关于广元千佛崖造像的创始时代问题》,《文物》1961年第2期。

[13] 温廷宽:《广元千佛崖简介》,《文物》1961年第12期。

[14] 主要有《广元千佛崖石窟调查记》《广元皇泽寺石窟调查记》《千佛崖利州毕公及造像年代考》《广元千佛崖初唐密教造像析》《川北石窟札记——从广元到巴中》。

[15] 姚崇新:《广元石窟造像的分期与研究》,博士学位论文,北京大学,2002年。后经修改,以《巴蜀佛教石窟造像初步研究》出版,中华书局,2011年。

[16] 王剑平、雷玉华:《广元石窟内容总录·千佛崖卷(上.下)》,巴蜀书社,2014年。

[17] 龚静秋、王洪燕:《广元千佛崖金牛道遗址发掘记》,汉中市博物馆编《中国蜀道学术研讨会论文集》,第483-490页。

[18] 资料来源于成都市博物馆2020年1—8月"映世菩提"展展品。

[19] "万岁通天"年号使用约一年半,从696年4月至697年9月29日。

[20] (宋)司马光撰(元)胡三省注:《资治通鉴》卷二百四《唐纪二十》,上海古籍出版社,1987年,第1376页。

[21] 汤用彤:《隋唐佛教史稿》,《汤用彤全集(第二卷)》,河北人民出版社,2000年,第30页。

论传统与当代对话的策展理念在博物馆展览中的实践
——以"铭心妙相:龙门石窟艺术对话特展"为例

马琳
上海大学博物馆副馆长、策展人

摘要:策展人在博物馆中的作用和如何策划展览是近几年来在博物馆界讨论的一个话题。本文以"铭心妙相:龙门石窟艺术对话特展"为例,通过具体展览内容分析了策展人传统与当代对话的策展理念在展览中如何被呈现,传统在当下如何通过展览策划重新焕发活力。

关键词:博物馆策展;展览;龙门石窟

随着策展人在博物馆的兴起,博物馆原有的展览方式也发生了改变。博物馆传统的展览注重于对物本身的展示,为了让观众充分了解物的相关背景与知识,展陈的设计就显得特别重要。独立策展人的产生是与当代艺术的展览紧密连接的,对于策展人来说,展览就是策展人的作品,他更关注的是展览和作品传达的观念。近些年来,有一种博物馆美术馆化的趋势,就是博物馆也开始采用策展人制度,展览并不局限于文物的展示,而是通过与当代艺术的对话来重新理解传统。

这种传统与当代并行的展览方式在国外的博物馆与国内的博物馆和美术馆中都有

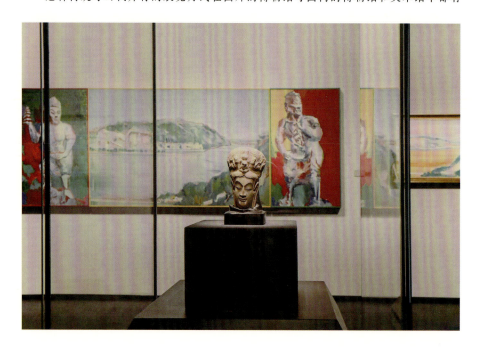

不同的特征和体现。比较有代表性的例子如 2013 年大都会博物馆举办了一场"借古以开今"的展览,把当代水墨的作品与大都会博物馆的藏品一起展出,并且拓展了水墨的外延,一些影像、装置作品也在展览中出现。我印象比较深刻的是张健君的一件以硅胶创作的假山石作品放置在博物馆亚洲厅的苏州园林中,赋予了作品新的意义表达。国内比较有代表性的例子是 2020 年策展人巫鸿在苏州博物馆策划的"重屏"展,把和屏风相关的当代艺术作品放在不同的展厅,构成一个传统与当代对话的叙事模式。

2021 年 9 月在上海大学博物馆展览的"铭心妙相:龙门石窟艺术对话特展",也是因为采用了传统与当代艺术对话的方式而吸引了不少关注。这个展览是由上海大学段勇教授担任总策划,上海大学博物馆馆长李明斌和笔者共同担任策展人。展览展出了龙门石窟研究院特藏的 27 件文物和 9 位艺术家的 16 件当代艺术作品。展览以古今对话的方式搭建了一座沟通的桥梁,让观众在传统与当代之间穿行。

龙门石窟艺术对话特展并不是上海大学博物馆第一次把当代艺术引入博物馆。在 2020 年 11 月"三星堆:人与神的世界"展览中,上海大学博物馆就开启了当代艺术进入博物馆的序曲,邀请了 7 位艺术家到博物馆参观,根据展览中三星堆的作品创作当代艺术作品。由于上海大学博物馆是高校博物馆,承担着为学校科研和教育服务的功能,因此策划展览更像是研究课题,侧重于以学术的方式来呈现展览。

2020 年河南省文物局与上海大学签订了合作协议,2021 年又是考古学成立 100 周年,在这个背景下双方共同主办推出了"铭心妙相:龙门石窟艺术对话特展",也是向考古学百年的献礼。龙门石窟与敦煌莫高窟、云冈石窟、麦积山石窟共称为中国的四大石窟。2000 年,世界遗产委员会第二十四届会议将龙门石窟纳入世界遗产名录,认定龙门地区的石窟和佛龛展现了中国北魏晚期至唐代(493—907)期间,最具规模和最为优秀的造型艺术。这些翔实描述佛教宗教题材的艺术作品,代表了中国石刻艺术的最高峰。龙门石窟研究院的特藏,是到龙门石窟也很难看到的展品,因此这些珍贵的文物第一次来到上海展出,可以满足观众对龙门石窟一饱眼福的渴望。

策展团队在到龙门石窟研究院挑选展品时,就与对方沟通并确定了展览的基本方

式,就是展览不是仅对文物作呈现,而是通过与当代艺术作品的对话,来重新思考传统与当代的关系,寻找其中的连接点。这对于策展团队的要求无疑是十分高的,既要了解龙门石窟的历史看、文物的价值与艺术性,又要能邀请到相对应的合适的艺术家提供作品。在挑选展品时,可以说这两方面的工作是同时进行的。

  石窟艺术展在上海有非常好的观众基础。"敦煌:生灵的歌"在喜玛拉雅美术馆展出的时候,引起了极大的轰动,这也是敦煌艺术第一次在上海的非国有美术馆展出。展览中重现传统艺术的同时,还特别展出了当代艺术中对敦煌艺术进行诠释的部分艺术作品。但在展出的数量和体量上,还是以敦煌艺术为主。2020年在宝龙美术馆展览的"云冈石窟的千年记忆与对话"也是采用了传统和当代并行的展览方式,但是由于空间有限,采用了分开展览的形式,云冈石窟的展品一个厅,当代艺术作品一个展厅,呈现出一种"隔空对话"的效果。因此,策展团队在策划龙门石窟艺术对话展时,把当代艺术作品置于与传统同样重要对等的位置,而不是将其作为文物的附属说明。

  基于这样的思考和策展理念,策展团队把展览分为三个单元。第一单元展览的是北魏时期的造像艺术与碑刻艺术。北魏龙门造像大多受到孝文帝汉化改革的影响,体现了南朝风格,尤以汉化的褒衣薄带、秀骨清像的风格著称,反映了士族对玄学审美的崇尚。《菩萨头像》是北魏晚期的作品,面目俊秀,呈闭目沉思冥想之态。其发冠装饰极为独特,冠中间有一个自空而下的飞天,两侧为相对的飞天,表现出北魏晚期的清秀风格。在龙门石窟的建造中,古阳洞是龙门石窟开凿最早、延续时间最长、雕刻最为丰富、题记数量最多的洞窟,其开凿活动始于北魏迁洛之际,至宋代仍有雕刻行为。在第一单元展出《杨大眼造像龛》《魏灵藏造像龛》《始平公造像龛》,龛内的坐佛均着袒右式袈裟,衣纹呈密集的直平阶梯式,具有浓厚的犍陀罗艺术风格。这些龛虽然是3D打印的,但是质感还

原非常逼真。观众可以清晰地看到龛内坐佛的细节以及精湛的背光雕刻。因为这三个龛离地面非常高,即使到了龙门石窟,也很难看清楚。正是由于3D打印技术的发展,使得石窟展走出石窟成为可能。这也是艺术与科技的一种结合。与此相对应的是艺术家尹朝阳和罗小戍的作品。尹朝阳是河南人,他说每次去看龙门石窟,都是常看常新。展览中的《龙门气象》和《伊阙》,是尹朝阳于2020年创作的作品。作者采用全景式的构图,表现了龙门石窟标志性的卢舍那大佛和天王,以及东山和西山之间的伊河。作品将西方与东方艺术相结合,色彩颇有青绿之风,大块的颜色平涂与书写性笔触相结合,有一种强烈的个人气质。在展厅中,透过《菩萨头像》可以直接看到尹朝阳的这两件作品有一种跨越时空对话的感觉。来自上海大学上海美术学院的罗小戍多次考察龙门石窟,石窟中的雕塑有的残缺不全,有的荡然无存。这种残缺感却促使着罗小戍以玻璃为媒介,思考与探讨空间、虚与实的关系。展览中的《佛像造像空间研究》系列作品把有形的佛像与无佛的佛龛放在同一个空间中相互映射。《丝路浮想》把残缺

的佛头或身躯散落在玻璃中,提醒观众石窟造像艺术曾经是漫漫丝路上的璀璨明珠。

龙门石窟保留有刊刻造像发愿文的碑刻题记2800多品,最为有名的是"龙门二十品",其中的《孙秋生造像记》《始平公造像记》《杨大眼造像记》《魏灵藏造像记》四件字数多,书法水准高,又被奉为"龙门四品",字体方劲雄奇,带有浓厚的隶书笔意,古朴醇雅,堪称造像题记的代表作。展览展出了"龙门四品"的拓片。魏碑对于晚期之后的书法艺术有深远的影响,与"龙门四品"相对应的是艺术家黄渊青和任天进的作品。"龙门二十品"是黄渊青年少时常临摹学习的范本,展览中两件现代书法作品曾在1991年的"中国·上海现代书法展"展出过,体现了作者重新看待中国书法传统的态度和对现代艺术的表达方式。任天进的《太湖石·东风》是一件雕塑作品,他把"东风"两字嵌入金属材质中,使之与雕塑本身相结合,是中国书法当代表达的一个创新实践。这三组作品置于同一个空间,清晰地呈现了魏碑的影响与展览叙事。

第二单元呈现了唐代的龙门造像与佛教文化。唐代造像表现出强烈的世俗性特征,既有饱满丰腴之态,又有体态婀娜之姿。造像形神兼备,展现了盛唐的自信与盛世气象。在展览中,有两件文物与艺术家张健君的作品并置于一面展墙。左边的一件是《菩萨舒相坐像》,菩萨面部丰满圆润,腰部却细窄,腹部微鼓,宽大轻薄的裙裾覆盖莲台,衣纹简练流畅,呈现了盛唐雍容华贵的菩萨姿态。右边的一件是《金刚力士像》,这尊力士造像为典型的盛唐作品,眉毛高挑,怒目圆睁,上身筋骨暴起,下身裙裳飘动。在中间墙面上是张健君1979年在龙门石窟的现场创作性写生。关于龙门石窟与佛教的研究对张健君的艺术发展至关重要,他不仅学习了一种古风,还看到了"东方"。龙门石窟造像所包含的不同文明间的相互影响,也开启了张健君全新的跨文化对话的视觉经验。这种直接并置的布展方式可以让观众了解龙门石窟艺术的影响。

第二单元还有唐代的经幢《珪和尚功德幢》和《四佛造像塔段》。经幢崇拜是唐代佛教最为流行、最具普遍意义的大众信仰形式。据其功能,经幢可分为寺幢、墓幢、水幢与路幢等多种。盛中唐时期,经幢受佛教密宗的影响而盛行。与经幢相对话的,是艺术家翁纪军以大漆为媒介创作的一组装置作品《蠹》。该作品由三根脱胎立柱组成,融合了大漆创作的各个阶段——髹涂、裱布、刮灰、打磨、贴箔、抛光等。他在创作中对敦煌、龙门石窟的一些造像进行图式化、符号化的挪用和转换,打破了一些传统的工艺手法,运用破残、重叠的箔料贴肤与图像符号注入,来强调作品手法与质感的对比,重复与覆盖,精致与粗犷在作品中同时呈现。

第三单元是龙门流失文物的回归与龙门石窟的数字化保护与修复。在展览中,有三件流失回归的文物:一件是北魏时期的《佛头像》,20世纪初期被盗凿,运往法国,后流落比利时,1991年由美籍华人陈哲敬收藏。1992年专家确认为古阳洞北壁高树解伯都等三十二人造像龛主尊的头部,该龛造像题记为"龙门二十品"之一。这件佛像头部表面局部有锈蚀,头上高肉髻,波状发纹,眉间有白毫相,脸型修长,五官清秀,刀法刚健有力,颈下保存一部分斜披袈裟之襟缘,系北魏后期龙门佛教造像艺术"秀骨清像"的范例。在佛像边上,是高树龛数字化复原的3D打印像,还原了该龛最初的状态,使公众可以完整认知龙门石窟造像之美。

另外两件回归的是文物《佛头像》和《观音菩萨头像》,都是唐代时期的作品。这尊《观音菩萨头像》神态静穆端庄,头顶挽高发髻,呈圆形,像是一个放大的拇指印。艺术家何成瑶的作品正对着这件《观音菩萨头像》，这是何成瑶创作的一组以时间为主题的作品。受佛教禅修的影响，她用一秒扎一针的方法来进行创作，将禅修中"世间如此周而复始"的观念展现于圆形的画面中。这一系列作品以创作所耗费的时间长度来命名，作者还按下了指印来替代签名。

展览中还有一组龙门最美观音虚拟修复的3D打印。龙门石窟虚拟修复工作以享有"龙门最美观音"之誉的观音造像为例开展探索实践，该观音造像身姿婀娜，雕刻细腻，可惜其发髻以下至鼻子以上部位遭到破坏，龙门石窟研究院以历史照片为依据，以学术研究为基础，融合三维数字化技术，按照一定规则对其进行虚拟修补，以复原其历史样貌。艺术家宋钢的《数字之维》是根据展览而创作的一组当代水墨作品。这件作品既是对社会现场的思考，也是对龙门石窟进行数字化实践的回应，拓宽了艺术与社会彼此间的影响。

展览以韩子健的装置作品《指月》和《佛立像》来结尾。韩子健去了龙门石窟之后，他逐渐对佛教，特别是禅宗一些极具智慧、充满戏剧性的特殊表达产生了兴趣。装置作品《指月》创作于2010年，参加了第九届上海双年展。在这次展览中，韩子健根据展览空间对作品进行了重新组合，在断指与月亮下面，铺设了一个镜面，周边撒上碎石，这是以上海大学的泮池为原型而创作的。《佛立像》是盛唐时期的作品，这是龙门石窟研究院第一次将其展出。该立像身穿通肩大衣，立于莲花台上，面略长而圆润、眼睑稍厚，是1982年文物维修工程中在擂鼓台三洞前修建石刻陈列廊取土时发现的。其因深埋于地下，未经受自然、人为破坏，成为龙门石窟最完美的一身唐代圆雕立像。这两件作品相互倒映，从镜面的反射中可以看到佛立像的不同侧面与倒影，营造了一种沉浸式的感觉，使得作品生发出新的效果和意义，使过去、现在与未来在此有了连接，传统在当下重新焕发活力。

目前，国内的博物馆和美术馆在策展理念和模式上有越来越多的交叉与融合，一些从事当代艺术的策展人也开始在博物馆策展，从而出现了博物馆美术馆化的现象。日后这一趋势将更加明显，随着策展人制度在博物馆的日益发展和成熟，博物馆也将逐步走向全面开放。

社区展

2021年12月,"铭心妙相:龙门石窟艺术对话特展"以图片展的形式走进陆家嘴东昌社区,为社区居民带来一场别具特色的文化大餐。

本次活动作为"铭心妙相:龙门石窟艺术对话特展"的组成部分,由上海大学博物馆联合陆家嘴社区公益基金会+社区枢纽站、上海市浦东新区陆家嘴街道东昌居民委员会共同策划。

In December 2021,"Special Exhibition of Art Dialogue with longmen Grottoes"entered Dongchang New Village in Lujiazui in the form of pictures, bringing a spectacular cultural feast to the community residents.

As a part of the special exhibition, this activity was organized by the Museum of Shanghai University, Lujiazui community public welfare foundation+community hub and Dongchang residents committee of Lujiazui street, Pudong, Shanghai.

展览简介：

东昌新村的停车棚改造成社区博物馆。首站是三星堆文物图片展，接下来是龙门石窟图片展。这里被居民称为"星梦停车棚"，在不影响居民停车的情况下，通过举办图片展，提升社区居住环境和生活品质，营造了文化氛围。

上海大学博物馆通过本次活动，把龙门石窟艺术搬到社区居民家门口，让更多观众"足不出沪"就能欣赏中华优秀传统文化。同时，通过对话的方式参与陆家嘴的社区微更新，加强博物馆与社区的联系，拓展博物馆服务社会的功能。

龙门石窟

东昌社区展

陆家嘴街道东昌居民区星梦停车棚
东昌路515号东昌新村内25号楼1楼

展览现场

社区展

现场导览

社区展

后记

九朝之都洛阳,坐落着世界上佛教造像最多的石刻艺术宝库——龙门石窟,那里汇集了北魏晚期至唐代六百年间最具规模和最为优秀的佛教造型艺术,是我国当之无愧的石窟艺术最高峰。从千年古都洛阳到国际都会上海,国之瑰宝跨越千里,这是龙门石窟国宝在上海的首展。

由上海大学、河南省文物局主办,上海大学博物馆、龙门石窟研究院承办的"铭心妙相:龙门石窟艺术对话特展"先后获得第十九届(2021年度)全国博物馆十大陈列展览精品推介优胜奖、2021年度上海市陈列展览精品推介、中博热搜榜十大热搜展览、2021年中国博物馆美术馆年度十佳海报以及上海市艺术进社区示范项目等荣誉。展览的成功举办,为《铭心妙相:龙门石窟艺术对话》一书的编辑出版创造了条件。

龙门石窟研究院,艺术家何成瑶、黄渊青、韩子健、罗小戎、任天进、宋钢、翁纪军、尹朝阳、张健君,以及余德耀美术馆、上海银潢画廊有限公司借出展品,龙门特藏与当代艺术展品让古典美学和当代艺术在展览相遇,令展厅中呈现着质朴又华美、沉静而悠扬的气质,对话的形式得以精彩呈现。在此向借出单位和艺术家致以诚挚感谢。

展览筹备过程中,上海大学党委副书记段勇、河南省文物局局长田凯、龙门石窟研究院院长史家珍以及江苏省美术馆原副馆长陈同乐研究馆员、上海博物馆李柏华研究馆员、西南民族大学民族博物馆雷玉华教授、上海大学文化遗产与信息管理学院曹峻副教授、三星堆博物馆副馆长朱亚蓉副研究馆员、成都博物馆副馆长闫琰副研究馆员和艺术总监范犁副研究馆员、邢台市文物保护和研究中心张国勇副研究馆员等领导、专家,拨冗指导展陈内容设计和形式设计,在此致以诚挚感谢。

上海大学图书馆博物馆档案馆党委书记王远弟、上海大学基建处处长宋建、华东城建集团总设计师路世峰、清华大学建筑学院胡林副教授、成都博物馆安保部主任张弩、上海大学武保处处长沈龙骥及悉伟东、李志春、邵敏珂等领导、专家,上海大学党政办、宣传部、采招办、财务处、学工办、研工部、图书馆、信息办、物业公司等部门的大力支持,为展览的实施提供了多方帮助,在此一并致以诚挚感谢。

特别感谢上海大学校长刘昌胜、河南省文物局局长田凯、上海市文化和旅游局(上海市文物局)副局长褚晓波、龙门石窟研究院院长史家珍、上海大学党委副书记段勇和副校长聂清、上海博物馆副馆长李峰、上海大学博物馆馆长李明斌及参展艺术家代表任天进、黄渊青、翁纪军、韩子健、罗小戎等领导、专家莅临展览开幕式现场,精心指导展览的整体推动。

龙门石窟研究院同仁与上海大学博物馆筹展小组齐心协力,通力合作,确保了展览如期顺利开展,陈列展示中心朱佩、陈明、李云峰、侯升堂、高升等老师,为展品组织与布撤展和开幕式讲解提供了专业支持,信息资料中心主任高俊萍及其同事前期完成的文物修复及藏品数据化工作,为展览第三部分"龙门流失文物的追索与保护"提供了充实的内容基础。在此致以诚挚感谢。

龙门石窟研究院杨超杰研究员、北京联合大学应用文理学院陈悦新教授、上海博物馆李柏华研究馆员、西南民族大学民族博物馆馆长雷玉华教授、罗马艺术大学宋钢教授、艺术家张健君先生等专家的参与,令展览的学术讲座得以顺利开展,广受好评。上海大学经济学院教师林志强、图情档系2020届研究生刘雨晴(曾任博物馆志愿者)、2021级历史系文博专硕学生穆友江山担任社会教育活动指导。在此向支持展览教育活动的专家、老师和同学们致以诚挚感谢。

获龙门石窟研究院准允,"铭心妙相:龙门石窟艺术对话特展"以图片展的形式进驻社区,参与社区微更新,加强博物馆与社区的联动,拓展博物馆服务社会的功能。上海浦东陆家嘴东昌新村居委会书记曹骏、居民陈兴国以及"社区枢纽站"创始人王南溟、陆家嘴社区公益基金会秘书长张佳华,为展览进社区提供了坚实帮助。上海大学文博专硕实习学生对展览亦有贡献,他们是2020级考古文博专硕平玲芝、于佳平、范婷筠、庄壹涵、李安儿、杜思源、张智慧、施天妤、王晴焕、吴心怡、陈贝贝、郎宇新、陈思彤、刘信哲、许伟,他们参与了借展、布展、开放运营、宣传推广等重要环节。同学们的积极参与,为展览增添了活力,也是上海大学博物馆实践育人功能的重要环节,期待他们走出校园后,在自己的工作岗位上保持住文博人的热情与专业。

《铭心妙相:龙门石窟艺术对话》是上海大学博物馆年度展览系列丛书的延续之作,本书主体内容源自"铭心妙相:龙门石窟艺术对话特展",同时增加了展品解读和相关信息,并收录了与展出历史文化相关的五篇研究文章。在书稿编撰过程中,同样得到各方的支持与帮助。感谢段勇、史家珍、李明斌拨冗作序,杨超杰、陈悦新、李柏华、雷玉华、马琳、朱佩等专家分享研究心得,令本书增添专业性。本书由上海大学出版社出版,负责该书编辑的刘强、吉俊等同志付出了极大辛劳,在此谨表感谢。

在本书即将付梓之际,谨向关心和支持展览筹备、图书编辑的所有人致以衷心的感谢。由于编写时间仓促,错漏之处,还请专家不吝赐教。

本书编写组
2022年6月17日

展厅轴侧图

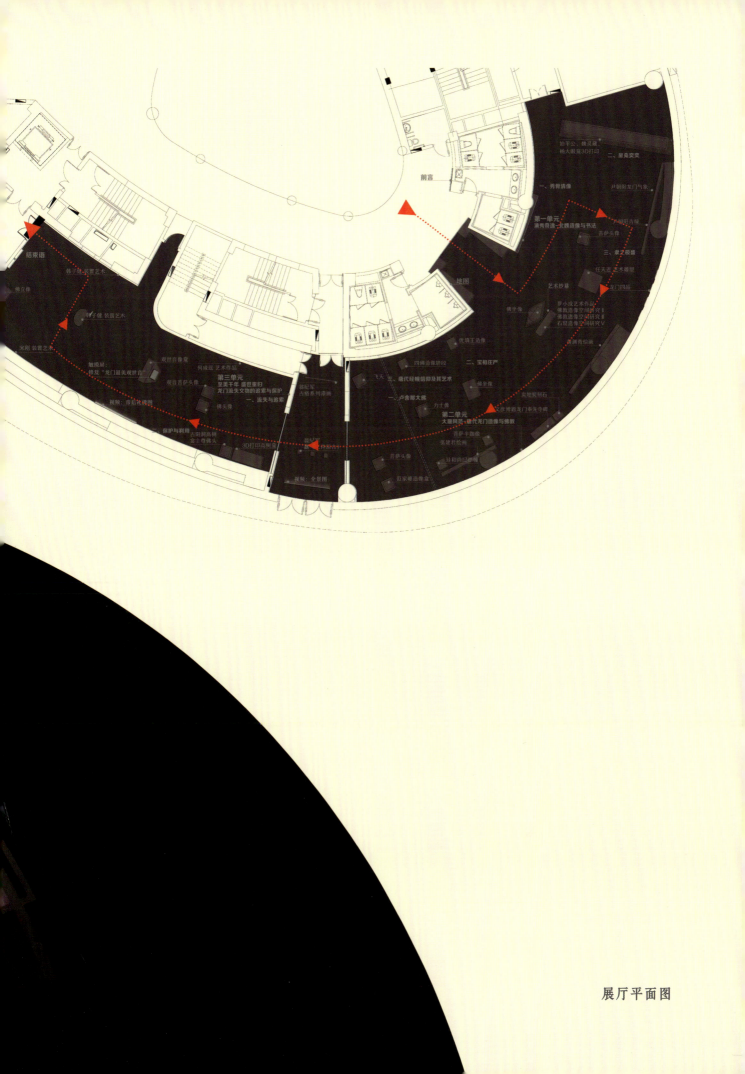

展厅平面图

"铭心妙相：龙门石窟艺术对话"展览工作组

总策划
段勇

策展人
李明斌 马琳

执行策展
梅海涛

形式设计
于群

参展艺术家
何成瑶 黄渊青 韩子健 罗小戎 任天进 宋钢 翁纪军 尹朝阳 张健君

展品组织
张欣 李信之 高俊萍

安全保障
曹默

宣传推广
李信之 牛梦沉

公共服务
曹默 牛梦沉

布（撤）展
朱佩 陈明 李云峰 侯升堂

讲解培训
高丹

策展实习
平玲芝 于佳平 范婷筠 庄壹涵 李安儿 杜思源 张智慧
施天妤 王晴焕 吴心怡 陈贝贝 郎宇新 陈思彤 刘信哲 许伟